Vários Autores

TREINADOR EXTRAORDINÁRIO

5ª edição

COLETÂNEA PREFACIADA POR:

MARCELO LYOUMAN
NORBERTO ANJO
ROBINSON SHIBA

São Paulo
2023
Editora Anjo

Copyright © 2023 – 08 MAIO|V5
COLETÂNEA DE AUTORES NACIONAIS E INTERNACIONAIS
Projeto Editorial Completo / Editor: Andresa Stipp
Editor Chef: Norberto Anjo Jr
Editor e Coordenador: Andresa Stipp
Capa: Editora Anjo
Diagramação: Editora Anjo
Revisão: Cláudia Razzante
Revisão final: Autorizado por seus coautores
IMPRESSÃO - Grupo Editorial - EDITORA ANJO
WWW.EDITORAANJO.COM.BR

TREINADOR EXTRAORDINÁRIO
5ª edição - São Paulo
EDITORA ANJO
192 págs. - Orelhas / Tipo papel:
Categoria: Luxo
Gênero: Literatura Brasileira
LIDERANÇA/EMPREENDEDORISMO/COACH CDD - B869
ISBN: **978-65-88718-83-4**

Treinador extraordinário

AUTORES EXTRAORDINÁRIOS

5ª edição

Prefaciado por:
Marcelo Lyouman
Norberto Anjo
Robinson Shiba

Alaíde Utiama
Amanda Diegues |
Andréa Ribeiro
Andréa Silvestrim
Ângela Tomiko Hirata
Angelo Wan
Bianca Lyouman
Carla Reis
Carlos Eduardo Tápia
Dan Avellino
Daniel Campos
Danielle Matsumoto
Douglas Ferreira Marques
Flávio Sanches
Jorge Yoshiki Utiama
Luís Maia
Marcelo Bianchini
Mônica Jesus Novelli
Sabrine Silva Santana Denzin
Silas Neves
Vanessa Barbosa De Lima
Yuri Barbosa
Zacarias Samba

SUMÁRIO

INTRODUÇÃO

A obra traz uma coletânea de reflexões, práticas e técnicas para que treinadores e líderes possam aprimorar suas habilidades e se tornarem ainda mais eficientes na condução de suas atividades.

Com contribuições de especialistas renomados, o livro oferece aos leitores uma visão panorâmica e atualizada do universo do *coaching*, tornando-se um guia precioso para quem deseja se tornar um Treinador Extraordinário.

O mundo está em constante evolução e, nesse contexto, o desenvolvimento humano ocupa um lugar de grande importância.

Para acompanhar essa tendência, é fundamental contar com Treinadores e Líderes capacitados para auxiliar e orientar as pessoas na busca por seus objetivos pessoais e profissionais.

É nesse sentido que o livro Treinador Extraordinário se apresenta como uma ferramenta indispensável para aqueles que desejam se destacar na área do desenvolvimento humano.

Agradeço a todos os treinadores por mais uma grande contribuição à sociedade, um abraço.

Andresa Stipp Anjo - Editor e Coordenador das obras *Best-seller* Treinador Extraordinário

PREFÁCIO MARCELO LYOUMAN

Este livro trata da importância de fazer a diferença na vida das pessoas, como um líder, como um treinador, como quem tem ferramentas e técnicas, e que, durante um trabalho, consegue ajustar e ajudar as pessoas, para que elas façam tudo aquilo de uma forma melhor do que elas já vêm fazendo. Algumas pessoas, às vezes, consideram que são incapazes, ou que não podem fazer certas coisas. E o papel desse líder, desse treinador, é estimular e potencializar em cada uma dessas pessoas o melhor que existe dentro delas para que elas realmente façam o que é importante fazer, os melhores resultados.

O papel também do líder, do treinador, é demonstrar uma visão que até então não tinha sido enxergada. Ele se faz, ele se coloca no papel de visionário. Ele mostra as oportunidades, mostra para as outras pessoas propósito, missão, visão. E, com isso, ele acaba inspirando e motivando essas pessoas, para que elas possam continuar com passos firmes, dentro da jornada, em direção às suas conquistas e objetivos, seja isso dentro de uma empresa, ou, na vida de cada uma dessas pessoas. Esse líder é o treinador. E, muitas vezes, para que ele possa motivar as pessoas, além de mostrar uma visão, algo que elas ainda não enxergaram, ele também é um questionador. Ele é um *coach*. Ele pergunta. E na medida em que ele faz perguntas, ele gera reflexões. Essas reflexões são as verdades mais intensas que existem dentro das pessoas. Por exemplo, se uma pessoa responde sobre algum assunto, nessa resposta ela traz as suas verdades. Esse líder, e esse treinador, consegue, através desses questionamentos, engajar essas pessoas, para que elas possam executar todas as funções, dar as diretrizes, de forma comprometida. Por exemplo, quando em uma reunião, o líder, ou um treinador, pergunta: "O que vocês acham sobre isso? " Cada um vai dar o seu ponto de vista. E, se o líder ou treinador apontar para uma pessoa e disser assim: "Gostei do seu ponto de vista", eu vou me deixar como responsável sobre essa tarefa. A pergunta que eu faço para você é: "Você já pensou o nível de engajamento que essa pessoa tem? " Porque foi ela que deu a ideia e, com ela, trouxe todas as suas verdades. O nível de engajamento dessa pessoa, que vai encabeçar essa tarefa, esse projeto, será muito alto. Por isso, a importância de um líder perguntar, ser coach para fazer reflexões e direcionar as pessoas para os seus pontos, direcionar as pessoas para suas funções mais adequadas. Líder ou treinador também são pessoas que sabem validar e valorizar as ideias dos seus liderados, ou das pessoas que estão ali, que convivem ao seu redor. E, desta forma, validando e valorizando, permite-se a democracia dentro desse ambiente. E a democracia gera inspiração. Imagina que uma pessoa deu uma ideia, e foi valorizada nessa ideia. Isso inspira outras pessoas a também darem boas ideias. E assim, vira um ciclo do extraordinário, da democracia dentro de uma empresa ou na vida de uma pessoa. Também, é muito importante no papel de um líder e/ou de um treinador, como você pode perceber neste livro. Aqui você vai encontrar muitas dessas histórias que eu estou colocando neste prefácio. Você vai encontrar também um líder que inspira através de suas ações, um treinador que inspira através de suas ações. Ou seja, para que ele motive as pessoas a fazerem aquilo que está programado no projeto, ele começa todo o processo. Ele vai à frente e não diz: "Vão", mas diz: "Vamos". E, ele encabeçando, ele estando na frente, começando a agir, permite a inspiração para que outras pessoas possam executar também.

O líder ou um treinador, ele também, além de tudo o que eu falei aqui, você vai ver, vai ler muitas histórias, de muitos autores, que vão contar, através de suas histórias, exatamente isso que eu vou dizer agora. Essa pessoa que é o treinador, para que ele possa estimular os melhores recursos dentro das pessoas é importante que ele seja bonzinho, e é importante que ele seja um carrasco. Ou seja, fazer um papel de pai, ou mãe, ser bonzinho, às vezes é importante. Colocar as pessoas debaixo das asas, cuidar, conciliar conflitos, faz parte do processo. E, também, dependendo do contexto, faz parte do processo ele ser autoritário. Mostrar-se como um imperador. E dizer: "Eu quero que seja feito assim, e pronto". Concluindo, neste livro, você vai encontrar uma série de perfis de liderança e de treinadores que, dependendo do contexto e da situação, ele se molda, e através desse molde, alcança os melhores resultados, não só deles mesmos, mas também com as pessoas que estão à sua volta. Sobre MARCELO LYOUMAN: Treinador de Inteligência Emocional, Master Coach, *Master Practitioner* em PNL e Hipnólogo formado e certificado internacionalmente. Conhecido por ser o treinador dos treinadores, Marcelo é o fundador do INSTITUTO LYOUMAN e do INSTITUTO BRASILEIRO DE TRAINERS. Transformou a vida de milhares de pessoas ao longo de mais de 16 anos.

PREFÁCIO
NORBERTO ANJO

Caros Treinadores e leitores, é com grande satisfação que apresento esta coletânea de experiências e conhecimentos no campo do desenvolvimento humano. Estudar e aprender com treinadores experientes é uma das formas mais eficazes de crescimento pessoal e profissional. Quando um treinador compartilha sua *expertise*, ele não apenas ajuda seus alunos a se desenvolverem, mas também contribui para o avanço de toda a área do desenvolvimento humano.

Nesta obra, você encontrará um tesouro de sabedoria, adquirido através das vivências e aprendizados pessoais e profissionais de cada autor. Cada capítulo é escrito com amor, cuidado e intenção de inspirar outras pessoas a tomarem as rédeas de suas vidas e desenvolverem suas habilidades.

Este livro é uma coleção de histórias de sucesso, desafios superados e estratégias eficazes para o desenvolvimento de habilidades e melhorias pessoais. Ao ler estas páginas, você descobrirá uma fonte inesgotável de ideias e inspirações, a que você poderá recorrer sempre que precisar.

Eu acredito que a chave para o sucesso é manter a coragem e a fé, independentemente das circunstâncias. Além disso, é crucial manter os princípios que nos guiam em direção aos nossos objetivos. Isso significa ser honesto, justo e transparente em todos os momentos e tomar decisões éticas, mesmo quando for difícil.

Quando *nos* mantemos fiéis a esses valores, podemos construir equipes fortes e alcançar nossos objetivos coletivos com confiança e determinação. Como líderes, devemos nos lembrar de sempre manter esses princípios em mente e agir de acordo com eles, mesmo quando enfrentamos adversidades no caminho para o sucesso.

É importante lembrar que você é o único responsável por sua vida e por todas as suas escolhas. O conhecimento é a arma mais poderosa para a evolução individual, e esta obra é uma fonte valiosa e confiável que pode ajudá-lo a encontrar seu propósito e alcançar seus objetivos.

Por fim, gostaria de agradecer a todos os Treinadores que contribuíram para essa obra e parabenizá-los por essa iniciativa tão nobre. Meu desejo é que este livro seja um presente para aqueles que buscam crescimento pessoal e profissional, e que ele lhe traga muitas bênçãos e realizações.

Boa leitura!

Norberto Anjo - Editor e Fundador do Grupo Editorial Gráfica e Editora Anjo

INSTAGRAM: @EDITORAANJO
@NORBERTO_ANJO

PREFÁCIO DE ROBINSON SHIBA

Robinson Shiba nasceu em Maringá, no estado do Paraná. Ele é descendente de família japonesa. Aos três anos de idade, mudou com a família para São Paulo. Na nova cidade, os avós abriram uma loja de materiais de construção. Foi graças ao comércio que o jovem Shiba teve sua primeira experiência com empreendedorismo. Assim como o pai, que era dentista, Robinson também cursou odontologia, formou-se e chegou a atuar na área, antes de criar a *China in Box*. Durante a graduação, em 1986, ele foi para os Estados Unidos com amigos para estudar inglês. Em um determinado dia, teve seu dinheiro roubado no país. Para continuar estudando por lá, começou a trabalhar em cozinhas de restaurantes como lavador de pratos, por exemplo. Depois, tornou-se entregador de pizza e de outros alimentos. Foi durante essa experiência que percebeu como comida pronta dava certo no país – e essa tendência podia crescer no Brasil também. De volta ao Brasil, formou-se e continuou a pesquisar sobre o mercado de comida *fast-food*. Seis anos depois, em 1992, abriu sua primeira unidade da *China in Box*, no bairro de Moema, em São Paulo. Foi quando começou a vender comida chinesa em caixinhas. Robinson Shiba só conseguiu começar o negócio graças à ajuda de sua família, que vendeu um apartamento para investir na ideia. Uma das características do *China in Box*, desde o início, foi a cozinha à mostra para que os clientes vissem como os pratos são preparados. A ideia foi para driblar o estigma ruim de que a culinária chinesa tinha no Brasil. A segunda loja veio um ano depois. Ao longo de 1994, a *China in Box* já possuía quatro lojas espalhadas por São Paulo. Mais de 50 lojas já existiam em 1995 pelo sistema de franquias. O crescimento acelerado exigiu muita disciplina de Shiba – e o investimento em boas campanhas de publicidade. Em paralelo ao *China in Box*, Robinson também criou a rede *Gendai*, especializada em comida japonesa. Em 2008, para gerenciar as duas redes, criou o grupo *TrendFoods*. Já em 2012, o *TrendFoods* foi adquirido, em partes, pelo fundo de investimento Laço Management – braço do grupo de investimento dos Estados Unidos Riata. Um dos focos do grupo hoje é expandir a abertura de lojas em shopping centers, focando no consumidor da classe C. Atualmente, o grupo de Robinson Shiba possui 164 lojas da *China in Box* e 50 da *Gendai,* espalhadas por diversos estados do Brasil. Estima-se que as marcas criadas por Robinson Shiba comercializam, em média, 6,5 milhões de pratos por ano e que 30% do faturamento da *China in Box* venha de pedidos *on-line*.

Fonte: Suno Research https://www.sunoresearch.com.br/tudo-sobre/robinson-shiba/

QUAIS SÃO AS CARACTERÍSTICAS DE UM BOM TREINADOR? Robinson Shiba: Eu acredito que um grande treinador, em qualquer segmento que seja, tenham características comuns. Desde um grande treinador no esporte. Veja um exemplo dentro da história do esporte: o Dunga e o Tite. Os dois com o mesmo time, com as peças basicamente as mesmas e a performance do Tite foi muito melhor que a do Dunga. Então, a característica de um grande treinador é você saber utilizar aquelas peças que tem e fazer com que essas peças, essas pessoas, deem o máximo que possam dar. Isso deve acontecer na esfera da medicina, da educação, do esporte, do varejo, qualquer segmento. Então, para mim é isso. O bom treinador extrai o máximo de cada membro do time dele.

ALAÍDE UTIAMA

O segredo está no oculto

O que te move? O que realmente te move?

O que viemos fazer aqui?

Quanto tempo ainda temos? O que é o tempo? Será que continuo como estou?

Ou tomo a decisão de mudar?

E como é que eu faço para decidir o que realmente faz sentido?

Para começar com este capítulo quero levar vocês a um breve relato de como a nossa mente funciona, baseado em tudo que já vivi e estudei, e afirmo a vocês: o poder da decisão está no oculto do seu subconsciente! É ele que decide por você!

Você pode estar se perguntando: como isso é possível? Eu que decido! Não tem como isso acontecer!

Então quero que você pare por um momento e pense....

Eu já disse algo que me arrependi segundos depois?

Eu já comecei algo que queria muito, e parei no meio do caminho e nem mesmo sei porque eu parei, e depois por que foi que eu comecei?

Eu já sonhei muito com algo que ficou anos guardado, e só muito mais tarde eu realizei?

Eu já fiz promessas pelas quais meu coração ardia, e depois não consegui cumprir?

Se algumas dessas afirmações aconteceram com você, saiba que a decisão foi feita pelo seu programa mental e não por você, e se não tem uma congruência do que está na superfície (mente consciente) e o que está oculto (mente inconsciente) você não mantém essa constância.

Apenas quando você tem sua missão/propósito bem definidos e alinhados com a sua história pessoal você REALMENTE TEM O PODER DA DECISÃO!

Quando nascemos, vamos coletando dados, esses dados repetidos se tornam nossas matrizes de decisões, exercemos um padrão que, mesmo sem observar, ele existe, e é ele que julga se devemos ou não ser uma treinadora, ser um terapeuta, ou um engenheiro químico! Mesmo que não estejamos cientes disso, esse padrão molda nossas decisões e ações, influenciando a direção que tomamos em nossas vidas.

Porém, mesmo se esse calor e amor queimarem em seu peito, você pode não decidir e simplesmente ficar parado, sem conseguir decidir qual é o próximo passo!

E tudo pode estar ligado ao fato de que, quando criança, você não podia escolher o momento em que queria brincar ou estudar, você não podia escolher se queria dormir ou continuar assistindo televisão!

Você foi treinado a não escolher o que realmente queria e, sim, a fazer algo que alguém lhe dizia e, por isso, ficaram escolhas no meio do caminho, porque elas eram feitas com as motivações externas, como as de uma criança por quem os pais decidiam!

Hoje, os pais podem ser os chefes, os amigos, os maridos.

O mais importante é a falta que os pais deixaram em você quando o assunto era decisão e, por isso, chegou a hora de você preencher o vazio e realmente escolher no agora! O poder está no oculto!

A dificuldade em tomar decisões está profundamente enraizada em nossa base emocional, especificamente no medo das consequências. Essa emoção básica é muito ativada na fase da primeira infância e pode voltar a ser ativada na fase adulta. Como uma criança, tememos as consequências de nossas escolhas e, muitas vezes, nos paralisamos por medo de prever o resultado. O medo de punição e de dor pode levar a uma paralisia de escolha na fase adulta totalmente inconsciente, onde a mente escolhe não escolher para evitar possíveis negativas. No entanto, essa falta de ação pode impedir o indivíduo de progredir em sua vida pessoal ou profissional. A superação desse medo e a capacidade de tomar decisões é essencial para o crescimento pessoal e o sucesso na vida.

A FRUSTAÇÃO E A INJUSTIÇA: o peso de quem não decide!

A consequência de uma pessoa que vive no medo e não escolhe, é que ela não percebe que não escolher já é uma decisão, e que terá uma consequência, e quando acontece, a reação vem de braços dados com a frustação!

Isso acontece o tempo todo como, por exemplo, uma noite em família, e temos que fazer um pedido de pizza, e dentre as pessoas da família, um resolve não escolher: "Pode pedir o que vocês gostarem mais" e, nesse momento, os que escolheram deixaram de fora seu sabor favorito, o que vocês acreditam que irá acontecer quando chegar a pizza?

A pizza será motivo de frustação e injustiça, poderá vir o sentimento de exclusão: " Não faço parte desse núcleo, porque ninguém pediu o meu sabor favorito, ninguém percebe o que eu faço por essa família" e, simplesmente, antes mesmo de sentar à mesa e fazer a refeição, a mente já deu vários significados de injustiça e frustação causando dor e abandono, rejeição, injustiça, humilhação, e toda essa carga é muito mais pesada do que a pessoa ouvir um: "Eu não gosto desse sabor, que tal esse outro?" E não teria iniciado todo o diálogo mental de falta de pertencimento.

Quando vemos a consequência de não decidir, vemos que é mais destruidora a frustação, do que o erro, a injustiça, do que a realização, e como tudo isso vai construindo uma vida de arrependimentos que no final só tem FALTA DE DECISÃO!

Essa falta traz, em muitos casos, a raiva da criança não atendida e que precisa que as outras pessoas decidam e cuidem dela, porém não atualizaram que a vida já evoluiu e que agora quem deve cuidar dela é ela mesma!

É muito importante atualizar que aquela criança, que não tinha recursos, agora já tem experiências e recursos que anteriormente não tinha e que agora já pode avaliar as consequências e tomar melhores decisões. Essa percepção deve vir de dentro e, aplicando a mudança de mentalidade, você irá experimentar um mundo onde as possibilidades são totalmente infinitas e que, a qualquer momento, você pode corrigir a rota das decisões e voltar para a direção do seu grande sonho.

É preciso acreditar que tudo o que você precisa estar em você e que agora você é o adulto que decide.

A inteligência emocional é uma poderosa aliada na potencialização da tomada de decisão e do entendimento da nossa história pessoal. Ao realizar o exercício de autoconhecimento, e compreender como nossa estrutura emocional foi construída, somos capazes de controlar os impulsos e emoções que estão além da nossa razão, e tomar decisões com base no que é realmente importante.

Para acessar o poder da decisão, é necessário fazer um mergulho profundo em nossa história pessoal e entender como nossas experiências emocionais influenciaram na formação da nossa estrutura. Somente quando nos conhecemos bem e estamos em contato com nossas emoções, podemos tomar decisões mais conscientes e alinhadas com nossos valores e objetivos. A inteligência emocional é, portanto, uma habilidade valiosa a ser desenvolvida para aumentar nossa capacidade de tomada de decisão.

Vou descrever o que aplico na minha jornada, que faz a diferença na hora da decisão. São cinco passos simples e que fazem a diferença:

1. Entenda a sua matriz do ser! Com o autoconhecimento, você entende o que acontece com você, e entende a si mesmo. Como treinadora, tenho uma compreensão clara dos valores, objetivos pessoais, missão e o que escolho contribuir ao mundo, e isso melhora a minha capacidade de tomar decisões que me levam em direção ao que acredito.
2. Praticar o autoperdão, se você decidiu e errou no passado, perdoe -se, corrija a rota, erga a cabeça e recomece, mas nunca pare pela vergonha ou culpa no processo.
3. Tenha sempre sua direção clara! Se você sabe qual é o seu alvo, ninguém pode ficar no seu caminho, mas se não tiver isso claro, qualquer obstáculo se torna um grande desafio, porque será mais difícil voltar à direção inicial.
4. Seja congruente com a sua verdade, esse processo trará uma habilidade de resolver problemas de forma rápida. Uma treinadora deve ser capaz de ajudar a si e as pessoas a reconhecerem a congruência e a acelerarem a volta para a direção correta.
5. Seja autorresponsável: nada acontece, tudo você cria. Se o pensamento é autorrealizável, é minha responsabilidade tudo que ocorre comigo! Estar ciente das consequências e estar disposto a aceitá-las, caso não saia como planejado, traz algo que ainda não vimos, e essa informação trará algum aprendizado.

Uma das maiores decisões da minha vida foi entrar para a Mentoria *FIRE* do meu mentor **Marcelo Lyoumann**, onde vi mudando meu ambiente, meu *networking* e minha mentalidade. Se você chegou até aqui querendo algo mágico sobre o poder da decisão eu te trago a chave mestra: escolha um mentor que possa treiná-lo para que você seja a sua melhor versão. Essa decisão mudou a minha vida e hoje sou treinadora de inteligência emocional e relacional e já impactei milhares de vidas!

E hoje sou uma mulher, professora, escritora, treinadora, *coach*, palestrante, muito melhor, porque descobri a força que vem de dentro, acessei o Poder *Kensho*. E lembre-se: nada apaga a luz que vem de dentro!

Muito obrigada!

E-MAIL: CONTATOALAIDEUTIAMA@GMAIL.COM
REDES SOCIAIS: @ALAIDEUTIAMA
YOUTUBE: WWW.YOUTUBE.COM/C/ALAIDEUTIAMA
TELEGRAM: HTTPS://T.ME/VIPKENSHO
SITE: WWW.ALAIDEUTIAMA.COM.BR
TELEFONE: +55 11 988728918

AMANDA DIEGUES
DANIEL CAMPOS

O segredo do inglês sem vergonha

Somos Amanda e Daniel do Método: **Inglês Sem Vergonha**, somos professores, *Coaches* de inglês há mais de 20 anos e especialistas em aquisição de fluência rápida, *YouTubers, Head Trainers* e criadores do Método de Imersão Presencial **Inglês Sem Vergonha**. Através desse método, impactamos mais de qautro mil alunos em nosso treinamento presencial, portanto, muito além de diplomas, temos evidências da eficiência de nosso método, através dos resultados de nossos alunos. Muito mais do que ensinar inglês, nós ensinamos a como usar o inglês que você aprende, alinhando a parte comportamental e emocional, através das técnicas de Programação Neolinguística.

"VOCÊ SABIA QUE O BRASIL É UM DOS PAISES COM O MAIOR NÚMERO DE ESCOLAS DE INGLÊS NO MUNDO, E MENOS DE 5% DA POPULAÇÃO SENTE-SE FLUENTE? "

No mínimo curioso, né? Mas você já se perguntou por que isso acontece?

Vou te explicar esse questionamento te contando uma história. Eu sou o Daniel e a minha jornada no inglês começou muito parecida com a maioria dos brasileiros, estudando em escola tradicional. Eu era um aluno que fazia apenas o mínimo pedido pelo professor, ou seja, quase não fazia lição de casa, minhas médias nas provas escritas eram entre 6 e 7, porém minhas notas no teste oral eram de 9 a 10. Ainda consigo me lembrar como se fosse ontem da cara de frustração e reprovação de uma das minhas professoras, pois como uma boa professora de ensino tradicional "aluno que não estuda e não faz a lição de casa não poderia aprender a falar inglês" e ela ficava um pouco contrariada pelo fato de eu conseguir notas mais altas no teste oral do que os outros alunos, que eram mais estudiosos. Ainda me lembro das palavras daquela professora, quando um certo dia veio até mim e me disse o seguinte:

"Quero que você pare de frequentar as aulas de inglês, pois você está sendo uma influência negativa para o restante do grupo. Não acho justo te premiar com notas mais altas do que o restante dos alunos, visto que você não se compromete com a lição de casa e os estudos."

Confesso que, quando isso aconteceu, senti um certo alívio, pois de alguma forma aquela metodologia não fazia sentido para mim, apesar de, na época, ter me sentido excluído, entendi as razões pelas quais a professora tomou aquela atitude.

Hoje, conhecendo a minha jornada, fica fácil entender o porquê tudo isso aconteceu, mas, na época, fiquei bastante frustrado e com muita vontade de desistir.

E talvez agora você esteja se perguntando, está bom Daniel, qual é a mágica? Será que é preciso algum dom ou talento especial para falar inglês?

A resposta é: "Não". Se tem algo que nunca tive é dom ou talento especial, eu era apenas um adolescente como outro qualquer, porém, como não desisto fácil das coisas, um tempo depois conheci uma professora e continuei estudando com aulas particulares até que me tornei professor.

Anos depois, já como professor de inglês, trabalhando em uma escola tradicional, percebi que apesar de todos os meus esforços era cada vez mais nítido o número de alunos que se dedicavam aos estudos de gramática, lições de casa e ainda assim se sentiam travados. Eles simplesmente não conseguiam usar o que haviam aprendido na hora de falar inglês. E, por outro lado, havia um número menor de alunos que nem sequer faziam lição de casa, e conseguiam ir bem no teste oral, ou seja, se viravam muito bem na hora de falar inglês.

Uma coisa ficou bem clara para mim: **"Não basta saber inglês, você precisa saber usar o que aprendeu na hora de falar. "**

Como você já deve imaginar, esse foi um momento na minha vida em que eu me encontrava desmotivado, pois eu trabalhava em uma escola tradicional, com um método engessado do qual eu já não acreditava mais e, por conta disso, cheguei a considerar uma transição de carreira. Um certo dia, conversando com um dos meus amigos pessoais sobre a minha vida profissional e o quanto estava desmotivado, ele, imediatamente, me indicou uma Formação de Programação Neolinguística. Nessa época havia acabado de conhecer a Amanda, o **amor da minha vida**, minha parceira de vida pessoal e profissional.

Mas acho que ela mesma pode te contar melhor como nossos caminhos se cruzaram.

Hey, there! Eu sou a Amanda e, diferente do que muitos pensam, não nasci sabendo falar inglês e nem sou filha de professores, a verdade é que eu odiava inglês e só comecei a estudar em uma escola tradicional por "livre e espontânea pressão da minha mãe" *(gostaria inclusive de agradecê-la, pois graças a esse esforço inicial, hoje posso exercer a profissão que tanto amo).*

Minha jornada começou em uma escola tradicional de inglês, já estava no nível intermediário, acredito que esse foi o momento que mais me dediquei ao inglês, fazia a lição de casa, ia bem nas provas e não faltava às aulas, logo eu estava muito confiante quanto ao meu nível de inglês. Naquela época, eu trabalhava em um banco, tinha um bom salário e uma carreira promissora, porém, esse foi também um dos momentos profissionais mais infelizes da minha vida. Cheguei bem perto de uma depressão e não entendia direito porque isso estava acontecendo. Confesso que, no fundo, não achava justo me sentir triste, sendo que eu tinha um bom trabalho, saúde e uma família estruturada.

Um certo dia assistindo um dos vídeos da Oprah Winfrey me deparei com uma frase que mexeu muito comigo.

"You don't need to know what you want, you need to start getting rid of what you don't want anymore."

"Você não precisa saber o que você quer, você precisa começar a eliminar o que você não quer mais."

Essa frase me marcou profundamente e, nesse dia, eu tive um *"wakeup call"* (um despertar) conhecido por muitos também como o dia do "chega! " Decidi seguir o conselho da Oprah e fiz uma lista das coisas que "eu não queria mais". Percebi que no topo dela estava o meu emprego no banco, mas não tinha nenhuma coragem de pedir demissão, pois ficar desempregada não era uma possibilidade. Foi quando um amigo comentou sobre uma oportunidade de trabalho em uma multinacional, fiquei animada pois tinha todas as qualificações exigidas para o cargo, inclusive o requisito básico: "inglês intermediário". Decidi então me candidatar para essa vaga e dias depois fui chamada para a primeira etapa da entrevista que seria um teste em inglês. No dia da entrevista, estava com aquele friozinho na barriga e ao chegar na empresa para minha surpresa me deparei com um salão repleto de pessoas aguardando, minutos depois uma moça veio até o salão e chamou o meu nome, me direcionei para a sala da entrevista imaginando que seria um teste de inglês escrito com todos os participantes ao mesmo tempo, muito parecido com os testes da escola de inglês que eu estudava. Ao entrar na sala me dei conta de que faria o teste sozinha, pois os outros candidatos permaneceram lá fora. *Me* lembro perfeitamente de entrar em estado de choque, pois imaginei que seria um teste em inglês escrito com todos os candidatos ao mesmo tempo. A entrevistadora pediu que eu me sentasse e começou com uma pergunta muito básica, porém ela estava falando em inglês, naquele momento fiquei completamente travada, um frio na barriga até difícil de descrever e simplesmente não consegui responder nem ao menos uma palavra em inglês, e com muita frustração, para não tomar o tempo da entrevistadora, agradeci e pedi para me retirar da sala, pois não tinha condições de continuar a entrevista em inglês.

Ao sair da sala, desabei de chorar e acredito que até assustei os demais candidatos, que ficaram sem entender o que havia acontecido dentro da sala.

Apesar de ter ficado muito frustrada, pois havia apostado todas as fichas nessa oportunidade, foi um momento muito importante de reflexão onde me questionei:

"Como posso estar estudando inglês há tempo e não conseguir responder simples perguntas em inglês sobre mim mesma? "

Mediante toda essa frustração e sensação de fracasso, pude perceber que havia acabado de ganhar algo de muito valor, pois, até então, eu não tinha um real motivo para estudar inglês e, a partir daquele momento, passei a ter **"uma meta concreta"** que era passar em uma entrevista de trabalho. Sem essa meta concreta, eu perderia muito tempo e energia me dedicando a atividades e conteúdo que não me ajudariam a passar nessa entrevista.

Hoje, olhando para trás e conectando os pontos, fica claro para entender a importância desse acontecimento, pois foi ali que eu percebi que:

"Não bastava aprender inglês eu precisava aprender a falar" e como já dizia Albert Einsten:

"Insanidade é continuar fazendo a mesma coisa, almejando resultados diferentes".

E esse foi meu "**dia do chega**", tive um surto e decidi parar de fazer o que não estava funcionando. Cancelei a minha a matrícula na escola de inglês e tomei coragem para pedir as contas no banco.

E talvez agora você esteja se perguntando: *"E o Teacher Daniel? Como os caminhos de vocês se cruzaram?"*

Nessa época, havíamos acabado de nos conhecer e em uma conversa percebemos que tínhamos alguns pontos de insatisfação em comum. Ele comentou que havia sido convidado para fazer uma formação de Programação Neolinguística e perguntou se eu gostaria de ir com ele. Eu aceitei, imediatamente, mas confesso que na época fiquei bastante receosa, pois era um investimento muito alto e, afinal de contas, eu estava desempregada. Mas sei que muitas vezes precisamos dar um passo de fé, sair da nossa zona de conforto e tentar o novo, mesmo que na hora não faça sentido. Uma das coisas mais valiosas que aprendi nessa formação em **PNL** foi que, através da inteligência emocional, eu poderia explorar o meu real potencial, deixar os meus medos de lado e encontrar a minha missão de vida que até então eu ainda não sabia qual era.

Como você já deve imaginar, saí de lá muito motivada e uma das metas que estipulei nessa formação foi que eu iria retomar os estudos de inglês, me candidatar para alguma vaga de trabalho e sabia que, para isso, precisaria estar preparada para passar em uma entrevista em inglês. Logo procurei algumas escolas com promessas de curso dinâmico e com foco na comunicação, porém logo no início percebi que era mais do mesmo, ou seja, estudo tradicional com livros, gramática, leitura em voz alta e sem prática de fala livre. No entanto, como disse anteriormente, aquela experiência traumática me trouxe também algo muito valioso, pois eu já sabia o que não iria funcionar. Sendo assim, não hesitei em cancelar minha matrícula, mais uma vez.

Foi quando decidi tentar algo novo, chamei o *Teacher* Daniel para uma conversa e, a partir dessa conversa, entendemos que poderíamos unir as nossas forças dando início a um trabalho específico para que eu passasse em uma entrevista de trabalho. Poucos meses de preparação depois, apareceu uma oportunidade a qual eu prontamente me candidatei e logo fui chamada para a entrevista. Quando cheguei na empresa, a entrevistadora me chamou para a sala onde eu seria entrevistada, situação muito parecida com a minha experiência anterior, porém dessa vez eu estava preparada. Quando a entrevistadora começou a fazer as perguntas, consegui responder prontamente e pude sentir o quanto ela ficou satisfeita com minha performance. Acabei passando na entrevista e mal sabia o que estava por vir, logo, amigos e parentes começaram a me perguntar onde estava estudando para ter um resultado tão surpreendente, em tão pouco tempo, e foi aí que me dei conta do número de pessoas que estavam em uma situação muito parecida com a minha, ou seja, que mesmo estudando por muito tempo não conseguiam falar inglês. Logo ficou nítido de perceber que eu poderia ajudar aquelas pessoas com a minha história, e esse foi, com certeza, o momento que eu percebi qual era a minha missão, pois senti dentro de mim uma vontade muito grande de ajudar as pessoas, simplesmente mostrando o que fiz e deu certo. Acho que a essa altura não preciso nem dizer que recusei a oferta de trabalho e comecei a me preparar para fazer o que eu faço hoje, que vai muito além de apenas ensinar inglês, pois como já foi dito anteriormente, o inglês é apenas uma ferramenta, a real preparação está em alinhar a parte comportamental e emocional para que assim as pessoas tenham a capacidade de usar essa ferramenta: **"Inglês"**, em alta performance.

Meses depois, *Teacher* Daniel e eu decidimos transformar todo nosso conhecimento e experiência em um método **"O Método Inglês Sem Vergonha"**

Com o intuito de ajudar ainda mais os nossos alunos, decidimos nos aprofundar, estudando sobre os poliglotas de sucesso e o que eles faziam para atingir fluência rápida em tantos idiomas, em tão pouco tempo. Percebemos, então, que existia padrão entre esses poliglotas e o principal deles é que eles aprendiam a falar antes de se dedicar a estruturas gramaticais, ou seja, completamente o oposto do ensino tradicional. Como somos fã de resultados, começamos a aplicar essas técnicas com o nosso filho Vitor e aos seis anos de idade, antes mesmo de ser alfabetizado, ele já conseguia falar inglês fluentemente.

Pouco tempo depois, decidimos compilar todas essas valiosas técnicas e transformá-las em um treinamento presencial: **a Imersão Inglês Sem Vergonha**, onde já treinamos mais de 4000 alunos travados e bloqueados a falar inglês com confiança. Hoje, com muita convicção, sabemos que a maior barreira para você aprender um idioma não vem de ordem intelectual e, sim, de ordem emocional, pois todo brasileiro tem algum conhecimento em inglês Mesmo aqueles que nunca estudaram, sabem em média 200 palavras só por terem nascido no Brasil, pois estamos de certa forma imersos em um ambiente repleto de palavras em inglês como por exemplo*: taxi, big, hot e etc.*... afinal de contas quem nunca escutou as perguntas: *What's your name? Where are you from?*

O grande problema é que os alunos aprendem inglês, mas não conseguem usar o que eles aprenderam na hora de falar, por questões emocionais e comportamentais e é exatamente aí que entramos com a programação neurolinguística e atividades específicas de fala livre, onde ajudamos os nossos alunos a falarem, inglês em alta performance.

Portanto, se você tem o sonho de falar inglês em alta performance, independentemente do seu nível, saiba que não basta estudar e acumular informação, você precisa saber acessar o conteúdo que você aprendeu, na hora de falar.

INSTAGRAM: INGLES.SEMVERGONHA

ANDRÉA RIBEIRO

Tudo Posso Naquele que me fortalece

Em Filipenses 4:13, o apóstolo Paulo expressa que nada é impossível para ele, enquanto ele for fortalecido na palavra e o espírito do senhor Jesus.

Desde muito cedo, eu já achava que a vida não era muito boa, tive um pai muito rígido, que me rejeitou ainda na fase da gestação. Ele queria que eu tivesse nascido menino; na infância me chamava de Maria moleque e outros apelidos, e eu chorava muito. A minha mãe sempre foi do lar e submissa às regras do meu pai.

Fui uma criança triste, com autoestima abalada, era vítima de *bullying* na escola, com frequência. Em algumas fases, eu não queria estudar, por causa dos ataques que sofria.

Comecei a trabalhar com treze anos, vendendo Avon, depois fiz um curso de pintura em pano de prato, pintava e os vendia, *me* interessei em fazer um curso de manicure, passei a estudar à noite, e durante o dia eu fazia unhas, vendia cosméticos e panos de pratos pintados e bordados por mim, para pessoas conhecidas, geralmente eram amigas da família e mães de colegas da escola. Era um ato bem ousado para uma pré-adolescente retraída. Mas as necessidades e as condições financeiras da minha família, despertaram para que eu vivesse com responsabilidades do mundo adulto, ainda com pouca idade.

O meu pai não aceitava minhas atitudes, ele brigava muito! Eu pedia o apoio da minha mãe na minha jornada de jovem empreendedora. Ela sempre me apoiou, e falava assim: "As meninas tem que ter o dinheiro delas, deixe-as trabalharem! ” Com o aval da minha mãe, eu seguia com meus negócios, eu vendia e minha irmã mais velha, a Nilza, fazia as entregas e cobranças– ela é muito boa em cobranças.

A minha mãe é a minha maior força e a minha maior fraqueza, ela ficou um período longo em depressão, após a morte do meu pai – ele faleceu em 2000, em um acidente de trabalho, caiu do quarto andar, teve traumatismo craniano levando a óbito, no local do acidente. Nessa época, eu trabalhava como vendedora em um grande magazine e recebi promoção para subgerente no mesmo dia do acidente, a promoção foi por volta das 15h, eu estava muito feliz. Às 17h, recebi um telefonema da minha irmã Nilza, falando para eu ir para casa, que o nosso pai tinha sofrido um acidente e minha mãe estava muito mal. O meu mundo caiu. A tristeza foi profunda!

Embora a minha dor fosse imensurável, o meu objetivo era ajudar minha mãe a sair daquele estado profundo de dor, e cuidar das minhas irmãs menores. Eu orava, chorava, pedindo a Deus alívio para nossas aflições, ali eu entendi o porquê de nos tornarmos responsáveis tão cedo. Buscava ajuda nas escrituras sagradas, para alimentar a minha alma e a vida da minha família com ações e palavras de sabedoria, amor e fé.

Por toda minha vida, eu busquei lidar com conflitos emocionais de forma positiva, porém, havia épocas em que a pancada emocional era profunda.

Vivi um relacionamento longo e abusivo, fui traída, enganada e usada. Trabalhávamos juntos, abrimos nossas empresas. Fomos empresários no ramo do varejo: lojas de calçados. Nos primeiros anos, estávamos prosperando em todos os aspectos. Depois de alguns anos, o relacionamento esfriou. Eram muitos problemas e as indiferenças eram constantes, me sentia sem forças para sair daquela relação, a fraqueza era tanta que eu já não sabia quem eu era, a minha identidade estava perdida, minha autoestima abalada, não me sentia mais feliz. Os estresses emocionais me causaram insatisfação com a vida e comigo mesma.

Busquei ajuda nas terapias e na igreja, no apoio da família, *me* sentia uma bomba emocional, o choro era constante. Meus sonhos roubados, planos para o futuro e expectativas foram danificados bruscamente por pessoas que eu confiava.

Meu objetivo era procurar uma saída para atravessar a dor e todo o abalo emocional.

Conversar com a psicóloga fazia eu me sentir melhor, mas ainda faltava algo para minha saúde emocional, queria aprender a administrar minhas emoções, organizar os meus pensamentos, sentir bem-estar, criar objetivos para atingir uma vida plena que parecia ser impossível para mim.

A minha jornada do autoconhecimento começou em 2017, quando eu conquistei a liberdade de ser eu, mesmo com minhas fragilidades segui em frente com minha vida, não é fácil viver um relacionamento abusivo, e sair dele é mais difícil ainda. Eu só queria fazer por mim o que ninguém podia.

***Me* amar e *me* aprovar!**

Comecei a focar em mim e a harmonia com a autoestima estava cada vez melhor, minhas ações e pensamentos referentes à vida brotavam de forma positiva e criativa, me fiz a minha melhor amiga, ia atrás dos melhores conselhos, mentores, livros, palestras e cursos... a sede do crescimento interno crescia a cada dia. Essa sede me levou ao caminho do desenvolvimento humano, um processo de construção contínua.

Conheci o Instituto Lyouman através de uma amiga, a Jane, uma treinadora extraordinária. Ela me convidou para participar de uma imersão chamada PODER SEM LIMITES, em que suas emoções são trabalhadas em três dias, de forma profunda e transformadora. Era o que eu precisava para virar a chave das minhas emoções. Que treinamento maravilhoso!

Era a primeira vez que eu participava de algo tão extraordinário, o Marcelo Lyouman conduz o treinamento com maestria. O Instituto é um laboratório da vida real a serviço do bem-estar da humanidade. Me apaixonei por todo o processo do Instituto Lyouman.

Fiz todos os treinamentos de inteligência emocional do Instituto Lyouman, mas foi no treinamento COE que eu decidi ser uma treinadora de inteligência emocional, comprando toda a grade de cursos.

Foi a melhor coisa que eu fiz na vida, à medida que eu estudava, mais eu me conhecia. Senti a importância de passar este conhecimento para o maior número de pessoas.

Eu já não era a mesma de antes.

Hoje, eu me reconheço como uma mulher forte, em busca constante pelo autoconhecimento. Tenho consciência de que tudo que é bom começa com a aceitação do que existe dentro do próprio ser e com o amar a si mesmo. Levei muito tempo para desenvolver uma relação carinhosa comigo mesma, e só consegui através de todos os cursos de inteligência emocional, na área de desenvolvimento humano. As minhas formações e a vontade de mudar os meus comportamentos e passar tais experiências para outras pessoas foram a peça principal para as mudanças de comportamentos positivos em minha vida.

Quanto mais eu me conheço, mais eu me sinto confortável comigo mesma.

Ninguém se livra todos os comportamentos negativos referentes a si mesmo, de uma só vez. Talvez precisemos treinar mais de mil vezes até ficar mais fácil, até que se instale no subconsciente.

Treinar a mente é fundamental para desenvolver inteligência emocional. Comece escolhendo pensamentos que o façam feliz, esteja com pessoas que o façam se sentir bem, com bons sentimentos, ponha suas percepções em prática e faça boas escolhas, perceba, tudo faz parte de como você escolhe. Você escolhe vibrar na emoção da tristeza? Ou escolhe vibrar na emoção da alegria?

Que tal vibrar nas boas emoções, mesmo que haja tempestade, você tem o poder de escolher onde quer vibrar, treine a sua mente, ninguém fica impune a nada, tudo tem uma consequência. Deus cria bens incríveis, através de situações inexplicáveis. Limpe as lágrimas do rosto, arranque o nó da garganta e PERDOE tudo e a todos. O perdão é o caminho da cura de todos os acontecimentos. Você tem forças que nem sabe que tem. *Te* convido a sair do trono do vitimismo para se tornar líder de si mesmo, aprender a controlar a sua mente e as suas emoções.

O nosso pensamento não tem poder sobre nós mesmos, a não ser que nós nos entreguemos a eles. O pensamento não tem significado algum. Somente nós damos significados a ele. E nós **escolhemos** o significado que queremos dar.

Você é a única pessoa que usa a sua mente. Dentro da sua mente, você é poder e autoridade! O pensamento é o maior poder que temos, ele é a força criativa que nos coloca em movimento; a nossa mente tem o poder de construir ou destruir.

Se você acreditar que consegue, que pode controlar a sua vida através da reprogramação da sua mente, controlando seus pensamentos para serem positivos e não negativos, comece a olhar para frente e não para trás, não vai demorar para que entenda que a batalha mental está sendo vencida. Você está criando um poder dentro de você que ninguém tira. Use esse poder mental a seu favor. A mente é sua, o poder é só seu.

Pensamentos são como sementes, quando são bem cuidados, eles crescem e dão bons frutos!

Imagine que o seu pensamento agora é uma semente de girassol. E prepare-se para se surpreender. Se você pensou que o girassol é uma única flor, você se enganou. Na verdade, ele é capaz de conter de cem a oito mil flores, em um único caule longo e robusto. Isso se o girassol for plantando em um solo fértil e úmido, nunca encharcado ou seco demais, se regado com frequência, e exposto ao sol. Repare todo o cuidado que deve haver com a plantação de uma sementinha.

Quando surge o primeiro brotinho, você não olha para ele e diz: "Isso não é um girassol!" Em vez disso, você observa a plantinha crescer com satisfação e examina-a atentamente, e fica feliz em ver a planta crescer. Se você continuar cuidando, poderá ter um pé de girassol com mais de cem flores. E tudo começou com uma única e pequenina semente.

Agora, vamos trazer esse exemplo para nossas novas experiências mentais. O solo onde se planta a semente é o seu subconsciente. A semente é a nova experiência e toda nova experiência está nessa nova semente, que você vai regar com pensamentos positivos. Limpar o jardim da sua mente, arrancando toda erva daninha, que são os pensamentos negativos que sobem à superfície que é o seu consciente. Quando suas novas experiências brotarem, você não desiste e diz: "Isso não é para mim"! Em vez disso, continua cultivando bons pensamentos com alegria. Vendo que tudo de bom que você plantou no terreno fértil da sua mente está brotando. Que bom, cuidar dos pensamentos funciona!

Tudo o que eu dou atenção, foco e cuidado, cresce.

Teste novas habilidade mentais. Seja persistente, qualquer outra coisa que você está aprendendo é preciso prática para que se torne parte da sua vida. De início, exige muita concentração e esforço. O subconsciente vai aprendendo por repetição ou forte impacto emocional. A cada vez que voltamos à pratica, ela se torna mais fácil e ficamos melhores no que estamos fazendo. Se uma criança desistisse no primeiro tombo, nunca aprenderia a andar.

Vamos treinar:

Pegue uma folha, uma caneta e um espelho. Vamos elaborar uma lista de padrões negativos que estão bloqueando a sua vida. Vamos transformá-los em padrões positivos. Essa atividade vai servir para você refletir e encontrar clareza nos seus pensamentos.

Siga o exemplo, você vai colocar no papel tudo o que vier na sua mente!

Suponho que sua lista seja mais ou menos assim:

Não me amam.

Não me apoiam.

Meu corpo não é bonito.

Meus relacionamentos não funcionam.

Não sou bom o bastante.

Não consigo fazer nada direito.

Odeio meu emprego (escreva tudo o que vier à sua mente)

Quando sua lista estiver pronta, pegue o espelho ou vá para frente de um.

O objetivo agora é que você reflita sobre si mesma. Dê uma respiração bem profunda, olhe-se nos olhos, com profundidade, e diga frases de autoafirmação. Crie pensamentos positivos sobre si mesmo.

Exemplos:

Eu me amo.

Eu me aprovo.

Meu corpo é bonito, saudável e sou grata por ele.

Meus relacionamentos são saudáveis, me enchem de alegria e paz.

Eu sou bom em tudo o que eu faço.

Amo trabalhar e aprecio o que faço.

Eu mereço o melhor e aceito-o agora.

Confio no processo da vida, e sei que tudo que acontece é para o meu bem.

Essas afirmações criarão ordem em sua mente. Escolha três afirmações positivas das que escreveu. Leia-as em voz alta com o entusiasmo de uma criança feliz. Deixe sua mente vagar por estas afirmações o dia inteiro. Repita por diversas vezes. Tudo que pensamos com constância tornam-se crenças. Essas crenças positivas produzirão resultados inimagináveis na sua vida.

Você está agora no início da jornada de uma pessoa extraordinária.

Expanda seu conhecimento, através de leituras, filmes, treinamentos e cursos. Tente experimentar todas as possibilidades de autocura, depois fique com as que mais o atraem e que aumentam sua percepção sobre como funciona a sua mente. Existe um mundo de sabedoria à sua disposição, no caminho do seu crescimento interior. Qualquer processo de transformação é uma escolha de dentro do seu coração. É de suma importância manter o foco e a dedicação.

CONTINUE praticando e verá pequenos milagres acontecendo na sua vida. Depois de alguns meses de trabalho mental, você ficará surpreso com seu novo padrão de comportamentos. Descobrindo aonde você quer chegar, tendo consciência do que realmente importa para você, fazendo-se feliz, realizando seus sonhos e tornando-se o Herói da sua vida.

Lembre-se: É milagroso o modo como cresce um girassol. É milagroso o modo como um ser humano cresce, mudando o seu padrão mental.

"ASSIM COMO VOCÊ PENSA NA SUA ALMA, ASSIM VOCÊ É." Provérbios 23.7

Espero que tenha lhe trazido clareza tudo o que eu escrevi até aqui. Tudo o que está neste livro foram partes de minhas experiências, no caminho do autoconhecimento e, assim como eu, desejo que você também se ache.

Me tornei treinadora de inteligência emocional, conectando-me com a jornada do meu autoconhecimento. Minhas vivências contribuíram com quem eu sou hoje. As pessoas queridas e inspiradoras que eu conheci pelo caminho, a mudança de mente e de comportamentos, fizeram com que eu percebesse o meu legado. O desejo de transformar vidas, através de treinamentos de inteligência emocional. Quero ajudar as pessoas a evoluírem a ter consciência de que tudo o que elas precisam, está dentro delas. Terem o poder e a segurança de se amarem cada vez mais, tornando-se seres humanos incríveis, capazes de colocar planos em ação e realizar sonhos.

Ser treinador é uma missão e a única razão é o amor. Muitas pessoas não sabem receber ou dar amor. Desde o início deste capítulo eu falo da importância do amor-próprio. É amando-nos primeiro que conseguimos amar o próximo e construir grandes histórias.

Chegamos ao final da nossa conversa, espero que tenha feito sentido para você.

Use a sua coleção de lágrimas para regar o jardim da sua vida, prepare o terreno da sua mente e floresça. Torne-se uma pessoa emocionalmente inteligente, e viva entusiasmando como uma criança feliz.

É importante que você continue na sua jornada do autoconhecimento para obter resultados extraordinários.

Um grande abraço.

Gratidão a Deus, ao Instituto Lyouman, a tudo e a todos que me trouxeram até aqui.

Andréa Ribeiro

Treinadora de inteligência emocional, *Master Practitioner* em Programação Neurolinguística (PNL), *Master Coach* em inteligência emocional e perfil comportamental.

Atualmente, faço parte do grupo de Treinadores e Palestrantes do Instituto @Winstituto do meu querido amigo treinador José Carlos Boito. Uma grande honra fazer parte deste grupo de campeões.

INSTAGRAM: @ANDREAJRC

ANDRÉA SILVESTRIM

Treinar e se diferenciar

A consistência em TREINAR diariamente pode originar resultados que você jamais imaginaria conquistar. TREINAR é melhorar suas competências e habilidades e se tornar uma pessoa, um (a) profissional diferenciado (a).

Sim, eu TREINO todos os dias. Sou Andréa Silvestrim, Médica Veterinária há 29 anos e Treinadora de Inteligência Emocional. Treino e aplico as habilidades adquiridas no jogo da vida, todos os dias. Estas duas profissões andam cada vez mais juntas, digo, conectadas e são as minhas paixões que certamente são o que me move todos os dias, ao acordar, para fazer a diferença ao meu redor, reverberando ao mundo. Trabalho com as pessoas no intuito de valorar suas competências e habilidades, com o objetivo de gerar uma expansão de consciência, para suas próprias vidas, a fim de compreender e agir de uma maneira mais humanizada, trabalhando com pessoas e com os animais, com percepções mais aguçadas, através das emoções básicas e dos canais sensitivos como cinestésico, visual e auditivo. Este é o meu maior propósito.

A busca do autoconhecimento vem desde a minha adolescência, a qual despertava uma curiosidade sobre o tema. Ou seja, tinha a consciência do novo olhar, mas não tinha a competência de ter experimentado o autoconhecimento e uma nova maneira de viver. A clareza, a leveza, a assertividade e o treino contínuo das minhas habilidades, trouxeram para mim uma evolução pessoal permanente, gerando uma satisfação real na minha vida.

Percebo que, a cada dia, reaprendo e aprendo algo novo, e ainda há muito o que aprender. Uma dica: a vida é um grande aprendizado de maneira infinita. Digo que é necessário aprimorarmos e aprendermos novos caminhos, novos hábitos, sempre com o novo que a vida nos presenteia. Seja na alegria ou na tristeza, na saúde ou na doença, é preciso treinar e praticar primeiramente em nós mesmos como protagonistas e líderes da nossa própria vida. O que quero dizer é que devemos treinar os novos hábitos através do nosso próprio corpo e da nossa própria mente. O mundo atual está exigindo que cada um de nós saiamos da linha da mediocridade para, sim, nos tornarmos líderes e treinadores diferenciados. Portanto, se queremos ser líderes de outros líderes, precisamos ter o conhecimento, as habilidades, as atitudes de um líder e, acima de tudo, TREINAR nossas competências para nos tornarmos diferenciados e termos a congruência deste conjunto de ações para podermos gerar autoridade e nos tornarmos uma referência como Treinadores Extraordinários. A profissão do Treinador é exponencial e necessária neste atual novo mundo para TREINAR pessoas e para preparar novos líderes baseados na Inteligência Emocional.

Para um Treinador (a) Extraordinário (a), alcançar um lugar mais alto no seu pódio, com reconhecimento almejado, ou seja, o lugar que ele escolher estar, deve simplesmente obter a convicção de que atrás de uma pessoa, tem uma outra pessoa que, muitas vezes, tem seus medos e anseios e busca insistentemente a coragem e a satisfação de viver, que é a base da natureza motivacional do ser humano – seja a base fisiológica e/ou emocional.

A meu ver, diante das minhas experiências, para que um Treinador se torne diferenciado para treinar pessoas e líderes é preciso que se tenha a escolha de um mentor, de um mestre, elegível e com destaque em inteligência emocional. Que transmita suas competências que estejam alinhadas com nossos valores e princípios para que possamos nos modelar, e com muita verdade, autenticidade, entusiasmo e congruência com os propósitos de vida, potencializando e alavancando os resultados mais humanos. A mente coletiva, a ancestralidade, muitas vezes, de maneira inconsciente, faz com que tenhamos comportamentos-padrões, os quais repetimos, e os resultados desses comportamentos, geram, muitas vezes, frustações, sofrimentos, impedindo de sermos seres humanos melhores. O TREINADOR pode fazer muita diferença na vida das pessoas. Seu propósito é atuar nesses modelos comportamentais e sistema de crenças, a fim de impedir esse modelo padrão de repetição, ressignificando os comportamentos, com o objetivo de construir novos hábitos, novos comportamentos de vida, para que, assim, possamos nos tornar diferenciados e possamos nos conectar com nosso EU interior. Por isso acredito que ser protagonista, ser líder da nossa própria vida é estar consciente e acreditar que somos a nossa melhor versão. Temos a capacidade necessária para chegar aonde desejamos chegar e nos satisfazermos. Pode até parecer desafiador, mas, com a prática, com o TREINO das habilidades, passamos a perceber que podemos ir muito além do que imaginamos. Nossas atitudes devem ter a mesma vibração, a mesma intensidade das decisões que tomamos para chegarmos ao sucesso.

Mas, o que é sucesso? Talvez você possa estar se perguntando! Para mim, sucesso é você alcançar aquilo que sempre almejou conquistar. Seja chegar aos 50 anos com saúde, seja ter comprado a casa dos seus sonhos, seja construir uma linda família, seja ser um Treinador Extraordinário para uma, dez, mil pessoas. Sucesso pode estar nos mínimos detalhes da vida, como pode estar na escala dos milhões recebidos por suas competências diferenciadas. Para que seu sucesso possa se realizar de forma equilibrada, é necessária uma organização clara da sua vida. Então, pare de produzir ações e obter resultados que não façam seu coração bater mais forte. Evite tentar ser eficaz ou eficiente, fazendo coisas que não lhe satisfazem ou que o mercado lá fora diz ser o melhor. Determine quais resultados realmente importam e te potencializam neste processo da sua evolução de vida. Você irá perceber o quanto se tornará inacreditavelmente extraordinário no que faz.

Para satisfazer o desejo de se tornar um Treinador de Sucesso, a proposta em TREINAR os líderes de mercado é TREINAR as habilidades, o foco e a automotivação para que os sabotadores mentais não interfiram nos seus planos e nas suas ações e resultados. Este treino se dá através de ferramentas muito eficazes. Contudo, para que este desejo se torne verdadeiramente seguro, um Treinador de sucesso diferenciado necessita investir em novas alternativas para acelerar a AUTORIDADE do seu negócio, gerando conteúdo e elaborando as melhores estratégias para atingir seu objetivo. Além de Treinador, é fundamental investir na habilidade de controlar suas finanças, com real investimento, trabalhando na redução de custos e gerando maior lucratividade.

Um Treinador Extraordinário, que trabalha com treinamento de líderes, para que sejam diferenciados, se faz necessário, conquistar uma equipe de alta performance, a qual, atrás dos bastidores, lhe dará o suporte necessário, entretanto, é sabido que o resultado do seu sucesso será de todos envolvidos, mas a responsabilidade será sempre sua e de mais ninguém.

Forte Abraço!

Andréa Silvestrim

Apaixonada em treinar pessoas a ocuparem o seu lugar no mundo.

Médica Veterinária Pós-Graduação / MBA – Veris Estratégias & Negócios. Treinadora Inteligência Emocional *Master Coach*. *Master Practitioner* em Programação Neolinguística. Analista Perfil Comportamental. Escritora – Coautora Livro Mulheres Extraordinárias 1ª,2ª,3ª,4ª,5ª,6ª,7ª Edição. Escritora – Coautora Livro Treinador Extraordinário 4ª, 5ª Edição

HTTP://WWW.INSTAGRAN.COM/ANDREASILVESTRIM

HTTP://WWW.FACEBOOK.COM/ANDREASILVESTRIM

HTTP://WWW.LINKEDIN.COM/ANDREASILVESTRIM

E-MAIL: ANDREASILVESTRIM@HOTMAIL.COM

ANGELA TAMIKO HIRATA

Estratégia e Empoderamento Feminino

Compartilho a minha experiência dentro do marketing brasileiro, a partir do meu trabalho realizado junto à marca Havaianas®, além dos desafios de ser mulher e ser respeitada em ambientes corporativos majoritariamente masculinos. Assumir a direção de Comércio Internacional – primeira mulher a assumir a direção, dentro de uma empresa centenária – foi um grande desafio, porém, desde o início do meu trabalho fui muito bem tratada e com muito respeito. O presidente, na época, foi muito inovador e vanguardista, nunca foi autoritário. Uma vez por semana havia reunião com todos os diretores para apresentar as ações e alinhar os projetos de cada diretoria. Esse formato de trabalho me proporcionou grandes experiências, que me fizeram aprender muito e, por ser mulher, nunca tive nenhuma barreira discriminatória por causa de gênero.

Vou abordar os pontos que norteiam ao se escolher e trabalhar com uma marca; as estratégias que julgo essenciais para o planejamento de marketing e os passos-chave para a divulgação de produtos.

DESAFIOS

"Dificuldades e fracassos têm que acontecer para servirem de estepe para o crescimento. Viver este período de dificuldade, com certeza, foi uma importante ferramenta de conquista do meu desenvolvimento e crescimento no mundo dos negócios"

Minha memória mais antiga é a viagem a bordo de um trem pela estrada de ferro de Bauru à Marília, no Oeste Paulista. Minha mãe, Dona Sumiyo Hirata só chorava. De vestido bordado e chapéu branco, eu observava o seu choro, sem entender o que acontecia.

Era 1946, um ano após o fim da Segunda Guerra Mundial. Meu pai não estava por perto.

"Tenho essa memória tão nítida na minha cabeça desde os meus dois anos de idade."

Naquele momento, a vitória dos países aliados ainda era um tabu para os japoneses, que não aceitavam a derrota do império nipônico.

Sou a mais velha de 13 irmãos e sempre soube que não queria ser como minha mãe, que cozinhava, lavava roupa e cuidava da casa; tampouco como meu pai, que dependia da chuva e dos ventos para administrar a fazenda de gado e café.

Passei minha infância no interior de São Paulo e sempre fui viciada em livros. E o melhor de tudo era que eu tinha carta branca dos meus pais para fazer o que eu quisesse. Era uma postura pioneira para uma família nos anos de 1950.

Sigo esse preceito até hoje com a minha equipe: "Carta Branca" para que possam desenvolver suas ações e projetos:

"Todos têm sua inteligência e usam para um objetivo comum, tem que respeitar. Quem está comigo pode fazer melhor que eu. E que assim seja"

"O que eu quero ser?"

Esse é o primeiro conselho que dou para quem está começando.

"No início, eu não sabia o que queria ser. É preciso parar para pensar. A vida é uma só. Tem que fazer o que gosta."

A minha trajetória de vida é uma miscigenação de projetos empresariais de sucesso. Além de empresária, sou mãe e agregadora de várias pessoas que compõem a minha família. O lado humano se confunde com meu lado de empresária. Minha casa está sempre cheia de sobrinhos e amigos.

Meu primeiro emprego foi na época da faculdade de administração, em 1969, na *Diners Club* do Brasil, como assistente de contabilidade.

Já no início dos anos 70, ingressei na *Levi Strauss*, onde tive meu primeiro contato com o marketing e comecei a trilhar meu caminho na área.

Um dos conselhos mais básicos que levo para a vida é a observação do comportamento humano:

"Não precisa ir apenas para o exterior fazer pesquisa. Você pode ver as pessoas na rua, em qualquer parte do Brasil"

Ver, ouvir e observar, assim desenvolvi meu estilo de fazer negócios. Meu pensamento é rápido e todos dizem que minha intuição é muito aguçada.

"É importante ouvir antes, para depois contestar"

Outra característica que escuto muito é que minha personalidade forte contrasta com meu tom de voz doce e a firmeza de ideias.

"Ou eu falo direto, ou prefiro ficar calada"

Sempre busquei estar à frente do meu tempo. Meu caminho, na comunicação e marketing, foi trilhado por meio de consultorias para marcas que, na época, ainda eram pequenas. O Boticário, com apenas sete lojas no início dos anos 80, e a Hering.

Meu maior sonho foi construir o selo *"Made in Brazil"*, que conquistei por meio de muito esforço e trabalho árduo à frente do *case* de internacionalização das Havaianas®.

Mas pouco se fala sobre o que veio antes disso. Entre os anos de 1989 e 1997, vivi em Novo Hamburgo, município gaúcho a 40 quilômetros de Porto Alegre, considerada a capital nacional do calçado.

Sempre quis que o mundo soubesse que os melhores calçados eram fabricados ali, na região do Vale do Rio dos Sinos. Eles já vendiam para os Estados Unidos, mas com outras marcas. Quando vi isso, falei: *"Vamos fazer uma marca brasileira"*. A Azaleia me chamou para ser sócia de uma empresa de comércio internacional.

O grande dilema foi a produção: eles produziam 20 mil pares do mesmo modelo. Quando falei para fazer apenas 300 pares para a *Galerie Lafayette*, não aconteceu.

"Fui vencida"

Após a fase da Azaleia, passei a desenvolver trabalhos nos Estados Unidos para marcas como *Ann Taylor, Anne Klein, Banana Republic* e consegui trazer a produção de calçados dessas marcas para o Brasil.

"Existe um provérbio japonês que diz: 'É melhor ver uma vez do que ouvir cem vezes'"

É sabido que não é nada fácil entrar no mercado japonês. Mas, por eu ter conhecido o estilista Kansai Yamamoto e a reitora do *Bunka Fashion College,* fiz contato com entidades e empresas japonesas, especialmente com o empresário Yasuhiro Kubota, e as portas foram se abrindo. Comecei a enviar calçados brasileiros para grandes lojas, como *Washington Shoes e Yoshinoya.*

"No Japão, não é simplesmente trazer um produto, é preciso uma moda que agregue valor a ele"

Sou formada em Administração de Empresas.

A *"Natureza Empreendedora"*, uma característica minha muito marcante, contribuiu na busca e construção de uma carreira no setor corporativo, possibilitando-me alcançar larga experiência em Negócios Internacionais, atuando como Líder de Projetos, Executiva de Contas, Formadora de Estratégias e Desenvolvimento de Mercado.

Uma das experiências como executiva foi na Empresa ALPARGATAS S.A. (de janeiro de 2001 a maio de 2005), onde fui diretora de Comércio Exterior e Marketing Internacional.

Com minha equipe, assumi o desafio de desenvolver novos mercados, além de promover a expansão internacional da marca HAVAIANAS®.

Junto à crescente expansão de muitas empresas no mercado internacional, surgem novos desafios, como comercializar em outros países e entender o consumidor inserido em uma cultura diferente e com outro idioma.

Uma das maneiras de se diferenciar é usar a origem do produto, através da etiqueta *"Made in"*. Diante disso, busca-se entender quais são os impactos que esse rótulo pode trazer aos produtos que o utilizam, mais precisamente, qual o efeito que o rótulo *"Made in Brazil"* pode provocar na comercialização internacional dos produtos de origem brasileira.

Com esse conceito, em parceria com Apex-Brasil, desenvolvi a promoção do Design Brasileiro no mercado japonês.

O projeto de grande porte com a ISETAN & MITSUKOSHI, introduziu e consolidou produtos do Estilo de Vida Brasileiro. O sucesso foi tão grande, que gerou eventos no mundo todo.

Internacionalização de Produtos e Marca Havaianas®

Era setembro de 2000, quando a Alpargatas me chamou para trabalhar no posicionamento de seus produtos, no mercado internacional.

"Primeiro me mostraram as marcas Topper e Rainha, argumentei que os concorrentes Nike e Adidas já tinham muito mais relevância nesse setor. Aí vi as Havaianas. Acharam que eu tinha perdido o juízo"

Liderei minha equipe, transformando uma marca de chinelos de borracha em um objeto de desejo de estrangeiros, comercializada em mais de 100 países.

Em apenas três anos, a empresa passou a exportar para cinco continentes em mais de 80 países, com a marca Havaianas® reposicionada no mercado Top e disputando espaço em vitrines de renome internacional.

Recebi o aval e rodei o mundo levando as Havaianas® para boutiques de luxo, como a *Galerie Lafayette*, em Paris, e *Harrods*, em Londres. Finalmente realizei meu sonho de participar da construção de um selo *"Made in Brazil"* desejado no mundo inteiro. Minha história na Alpargatas foi até 2014, já como consultora independente da presidência.

"Foi um sucesso. Durante um mês, enquanto nevava lá fora, eram vendidos até cem pares de Havaianas® por dia na Galerie Lafayette"

O sucesso do evento facilitou a exportação para o resto da Europa. Nascia o conceito *fashion* da marca na capital que lança moda.

1998 > 2005

Ano 2005 – 148 milhões de pares.

Mais de 2,8 bilhões de pares vendidos.

O volume de vendas da Havaianas®, comparado ao tamanho do globo terrestre, poderia dar a volta 28 vezes na Terra.

Prestígio e preço médio em ascensão.

É o calçado mais democrático do Brasil.

Presente em mais de 80 Países.

Case Mundial de Marketing (Harvard, Warton, Ensead).

Hoje, as HAVAIANAS® estão em mais de 100 países com o mesmo conceito e *status*. A marca de alto valor e renomada HAVAIANAS® foi reconhecida e respeitada em todo o mundo, após o posicionamento "TOP", com ênfase na valorização da marca.

A partir desse reconhecimento e posicionamento, através de intenso trabalho, pude incluir a marca num pequeno, seleto e precioso universo de apenas 104 Marcas de Alto Perfil e de Destaque, reconhecidas pela Lei Brasileira de Marcas, através do INPI – Instituto Nacional de Propriedade Industrial.

Permaneci como Consultora da Presidência e do Departamento de Comércio Exterior da Alpargatas S.A. de janeiro de 2005 a dezembro de 2014.

"Lute, pois a vida é plena. Enfrente, pois a vida é bela. Sorria, pois, a vida é curta."

Houve um grande reconhecimento de mercado, que resultou na aquisição da Rede pelo Grupo Renner, em maio de 2011.

A convite da JETRO (*Japan External Trade Organization*), o Primeiro-Ministro do Japão, Shinzo Abe, realizou uma missão diplomática oficial no Brasil, em agosto de 2014, para realizar uma série de visitas e palestras para empresários, bem como para ser ouvinte em palestras e debates entre Brasil e Japão.

Fui a única mulher convidada pela JETRO para falar sobre as pequenas e médias empresas brasileiras, e mostrar seu potencial econômico para o país, que representam de 27% a 30% da economia. E o Primeiro Ministro indagou o porquê não incluírem essas categorias na comitiva.

Após a conquista tão desejada de desenvolver o selo *"Made in Brazil"* com as Havaianas®, fui escolhida pelo Governo do Japão para liderar o projeto *JAPAN HOUSE* São Paulo.

A iniciativa do governo japonês começou três anos antes, em 2014. Durante um jantar na capital paulistana, um diretor do Ministério das Relações Internacionais do Japão me convidou para participar da licitação que escolheria a equipe de gestão do centro cultural japonês.

"Agradeci muito e falei que não aceitaria. Quem sou eu para falar de todo o Japão? Sou brasileira! "

Isso foi o que aprendi com meu avô durante a infância:

"Tenham orgulho de serem filhos de japoneses, mas sejam brasileiros, antes de tudo"

Através de inúmeras Consultorias para o Mercado Internacional, tive a oportunidade de ingressar em um Consórcio de Empresas, liderado pela DENTSU AEGIS, uma das maiores Agências de Publicidade do mundo, para fundar e dirigir o Projeto Contemporâneo de Expansão e Comunicação do Japão em todo o mundo.

Assim, acompanhei um certame licitatório do Ministério de Exterior do Governo do Japão em 2015 para participar como principal Executiva na criação da JAPAN HOUSE São Paulo.

Duas semanas depois, o funcionário do Ministério entrou em contato de novo: "Queremos mostrar o Japão contemporâneo, sem esquecer da tradição. Desde a Segunda Guerra Mundial, somos um país que busca paz e harmonia. Temos que criar um relacionamento entre os países para fazer algo junto: progredir, inspirar e desenvolver"

A ideia de intercâmbio, que também se estenderia para a América do Sul a partir do *hub* instalado no Brasil, me interessou.

O sucesso da *JAPAN HOUSE* tem muitos sobrenomes por trás.

A pedido do Ministério de Relações Exteriores do Japão assumi um compromisso de alcançar uma meta de visitação de 135.000 (cento e trinta e cinco mil) a 150.000 (cento e cinquenta mil) pessoas como público, dentro do prazo de um ano, após a abertura.

Mas em 05 de abril de 2018, quase um ano depois, a *JAPAN HOUSE* SP havia recebido 900.000 (novecentos mil) visitantes e, em 15 meses, 1.000.000 (um milhão) de visitantes. Foi um enorme sucesso, superando todas as nossas expectativas.

Quando os resultados foram confirmados, decidi deixar o posto da presidência para me dedicar aos negócios da minha empresa: *SURIANA TRADING*, que foi a empresa que participou da licitação da *JAPAN HOUSE* e foi contemplada.

A missão da *JAPAN HOUSE* é construir pontes importantes entre o Japão e o Brasil e fazer com que ambos os países continuem a amadurecer de forma sustentável a possível continuidade do empreendimento. Para tanto, é necessário existir uma compreensão mútua em relação ao estilo de vida e cultura e, assim, criar novas ideias para que a *JAPAN HOUSE* se transforme em uma base de negócios enriquecedora, ultrapassando os limites de mero festival temporário ou um espaço para atrações.

A *JAPAN HOUSE* respeita o elo entre o Japão e o Brasil, firmado pela comunidade Nikkey, e amplia ainda mais as relações entre os dois países sob uma nova perspectiva, tornando uma base forte e sólida.

Através das atividades da *JAPAN HOUSE*, meu objetivo foi fazer com que surgissem novas possibilidades de promover o Japão, a partir do Brasil, para a América do Sul e, consequentemente, para o mundo, pensando principalmente nas próximas gerações.

Antes mesmo de deixar a *JAPAN HOUSE* São Paulo, recebi um convite do WTC Brasil para assumir o cargo de Superintendente do grupo.

Em agosto de 2018, assumi a Superintendência do Complexo Shopping D&D e Complexo *World Trade Center* de São Paulo, inaugurando uma nova fase de transformação, criatividade e dinamismo.

Esse breve período foi planejado para que todo o Complexo do Shopping D&D entrasse na nova fase de expansão e gestão, agregando um novo conceito de design e marketing atualizados aos tempos atuais. Com essa proposta, conseguimos diminuir a vacância do Shopping D&D em aproximadamente 35%.

ATIVIDADES COMUNITÁRIAS

Atualmente dedico-me também em Projetos de ONGs (Organizações do Terceiro Setor) como Presidente Honorária do INSTITUTO INTERNACIONAL NISE YAMAGUCHI – INY, que desenvolve projetos, programas, intercâmbios, pesquisa e novos tratamentos personalizados na área de Oncologia e Imunoterapia.

PALESTRANTE INTERNACIONAL

Além de atuar nas áreas de marketing e planejamento estratégico, ministro palestras Nacionais e Internacionais, sobre assuntos de Marketing Internacional e Posicionamento de Marcas.

Tive a oportunidade de palestrar juntamente com grandes personalidades de relevância internacional como o Diretor e Cineasta Francis Ford Coppola; Professor Philip Kötlerdoutor e Pós-doutorado pelo MIT e Harvard; Muhammad Yunus – Economista e Prêmio Nobel da Paz; Steve Jobs – Co-fundador e Presidente da Apple, entre outros, em mais de 20 países nos cinco continentes.

Antes da pandemia, atuei muito como palestrante nas empresas Nacionais e Internacionais, como: PETROBRAS, TRAMONTINA, COMPANHIA MONSANTO, PROCTER & GAMBLE, BASF, FIAT CHRYSLER AUTOMOBILES, institutições financeiras como: BANCO DO BRASIL, CAIXA ECONÔMICA FEDERAL, instituições de ensino e universidades, como: UNIVERSIDADE PRESBITERIANA MACKENZIE, FUNDAÇÃO ARMANDO ÁLVARES PENTEADO – FAAP, FUNDAÇÃO GETÚLIO VARGAS – FGV, UNIVERSIDADE DE SÃO PAULO – USP, PONTIFÍCIA UNIVERSIDADE CATÓLICA – PUC, ESCOLA SUPERIOR DE PROPAGANDA E MARKETING – ESPM, entidades não governamentais de apoio, como o SEBRAE (Serviço Brasileiro de Apoio às Micro e Pequenas Empresas), entidades governamentais como: ITAMARATY (Ministério das Relações Exteriores do Brasil), APEX (Agência Brasileira de Promoção de Exportações e Investimentos), entre outros. Em março de 2020, fui Palestrante no "1º Encontro Liberdade para Empreender", promovido pelo Conselho da Mulher Empreendedora e da Cultura, da Associação Comercial de São Paulo e da Federação das Associações Comerciais do Estado, onde fui entrevistada por Luiza Helena Trajano – **MAGAZINE LUIZA.**

Em Outubro de 2021, participei de um Workshop em Londres, Reino Unido e, de uma conferência com Janice Howard, Prefeita de Merton / Wimbledon (cidade de Londres, Reino Unido).

ANGELA HIRATA
ANGELA.HIRATA@SURIANATRADING.COM
EMBAIXADORA DO PROJETO MULHERES EXTRAORDINÁRIAS

ANGELO WAN

Viva os seus Sonhos

Caro leitor, querida leitora, que alegria saber que escolheu ler este capítulo!

Quero honrar estes minutos que vai ter comigo, tenho a certeza de que algo aqui pode mudar a maneira como você vai viver a sua vida daqui para a frente. Venci muitos desafios, tive um passado com muita escassez, não herdei nenhuma fortuna e posso dizer que comecei a minha vida literalmente do zero. Me tornei a pessoa que decidi ser, e ainda continuo a minha jornada de conquistas e realizações, pois a vida é muito próspera para quem acredita nos próprios sonhos e está sempre disposto a torná-los realidade.

Acredite: a vida é infinitamente rica e abundante em oportunidades!! 🌟🙏

Acompanhe-me nas próximas páginas, serei o seu guia, o seu Mentor, o assistente do seu Realizador de Sonhos, que é VOCÊ!

REALIZE SEUS SONHOS

VOCÊ ACREDITA NOS **SEUS** SONHOS? 🌟🌟

Quão verdadeiros eles são para você?

Qual o seu sonho, o significado dele, e quanto você realmente está disposto a se dedicar e entregar para alcançá-lo?

Todos querem aprender, mas ninguém quer estudar. Todos querem emagrecer, mas ninguém quer fazer exercícios. Todos querem ser notados, mas ninguém quer aparecer. O mundo está cheio de pessoas que só querem, mas não fazem!

Ao início de cada ano, muitos, naturalmente, pensam nas metas para os próximos meses. Ao fazer isso, também é preciso prestar atenção, não só nos desafios em si, mas nos motivos que nos levam a prosseguir. Os seus motivos serão o combustível e a chama que deverá arder e estar sempre acesa, fazendo você se mover todos os dias.

A maioria das pessoas têm sonhos emprestados, nem sempre são autênticos ou próprios: um panfleto do outro que serve para ele. É mais fácil copiar e adaptar algo que a sociedade mostra e conta diariamente, nos criando a impressão de que existe um modelo de sucesso e êxito na vida. Caro amigo/a, não existem modelos.

As pessoas desistem facilmente das coisas, não é falta de persistência, é falta de realmente querer e de não estar disposto a pagar o preço do esforço, do desafio, e da dificuldade. Pague o preço. O valor será equivalente ao tamanho do seu sonho.

Como está a sua companheira *SARA*? É uma brincadeira para você não esquecer mais. Significa *Sistema Ativador Reticular Ascendente*. Deixe-me explicar melhor: por exemplo, quando você aprende uma palavra nova e começa a encontrá-la em todo lugar, quando você decide usar um estilo de roupa diferente e nota que várias pessoas já estão usando, ou quando você procura um modelo de carro e vários carros iguais começam a aparecer nas ruas... parece mágica, mas é apenas uma evolução do cérebro humano. Era assim que o homem realizava suas caças e as mulheres achavam seus alimentos.

O *SARA* define prioridades, ele é ativado para que você se lembre das suas prioridades e se concentre no seu foco. Por isso é importante saber definir o seu **objetivo** e as suas **metas**.

Objetivo é o ponto final a ser alcançado. Metas são os trechos da jornada que vão te levar até ele. Entre cada meta, os pontos de alcance, realizados ou não, são os check points. Meta é específica!! Com meta específica e clara, seu *SARA* é mais ativo!!

Sonhos devem ser transformados em metas para se tornarem realidade. Sonhos por si só não têm compromisso e estrutura para acontecer!

Sonho, desejo, objetivo, meta, ação, realidade. METAS: Mensuráveis, Específicas, Temporais, Alcançáveis, Significativas. Metas não devem ser escritas no negativo.

Perder sete quilos não é meta! Pesar 72 quilos, sim. Desejar ir com a família para a Disney, não é meta! Economizar X reais, todos os meses, a partir de hoje, pelos próximos 24 meses, sim.

Chegar aos 72 quilos é um *objetivo* que terá várias metas. Ex.: ter uma rotina e calendário de exercícios físicos, alimentação controlada, etc. No caso da Disney, estar com a família é um *objetivo* com provável data para acontecer. Ter o investimento para isso, providenciar passaportes e vistos, serão as metas.

Ou seja, uma meta deve ser:

- **Mensurável:** precisa ter parâmetros que possam ser medidos em números. Algo que seja quantificável e contado.
- **Específica:** quanto mais detalhes melhor. Ilustre com imagens, sons, cheiro, cores, fotos, sensações, emoções de estar vivendo aquilo que almeja realizado.
- **Temporal**: deve ter uma data para acontecer, um prazo máximo. Pode ser dia, mês ou ano.
- **Alcançável:** mesmo com esforço e tempo para acontecer, deve ser um objetivo realizável e possível de se tornar realidade, evite metas irreais e impossíveis.
- **Significativa:** fazer sentido e ser importante para você. Neste quesito, se também fizer sentido e beneficiar as pessoas de sua família e/ou outras pessoas ao seu redor, melhor ainda. (Ex.: colaboradores da empresa, clientes, fornecedores, comunidade etc.)

Crie e estabeleça pequenas recompensas sempre que atingir os *check points.* Isso funciona como reconhecimento, reforço e validação do progresso que está fazendo, de que seu esforço e disciplina estão valendo a pena, de que sua evolução está acontecendo!

Escreva assim: "A minha meta é... Até a data de... Porque... e quando eu alcançar, eu vou me premiar assim..." A vida recompensa quem se compromete até o final! *Sucesso custa e seu preço é diretamente proporcional ao tamanho de seus sonhos.*

SUAS MEMÓRIAS DO FUTURO (O GRANDE SEGREDO)

Agora que você já definiu seus objetivos e metas, comece a criar o seu passado, baseado no futuro que virá. Isso mesmo, parece ser atemporal e cronologicamente estranho pensar deste modo, mas acredite: os cientistas da mente já estudaram isso e provam que é possível. Funciona assim: você vai fazer uma história real e vivida, de modo reverso! Chamamos isso de criar memórias (passado) de seu futuro.

Suas emoções são atemporais, ou seja, se você constantemente imaginar o seu sonho realizado, de maneira vívida e com as várias emoções envolvidas (amor, alegria, risos, glória, abraços, etc.), o seu cérebro entenderá que esse é um momento real e já experienciado. Ou seja, seu futuro criado e imaginado se torna um passado concreto na sua mente, que passa a acreditar que o possível já aconteceu e que você não tem dúvidas disso, pois ele se torna realidade no campo da memória! Use esta poderosa e maravilhosa técnica a seu favor!

O VALOR DO TEMPO

"VOCÊ TEM UMA VIDA, NÃO A DESPERDICE".

VOCÊ QUER UMA VIDA COM MAIS TEMPO, OU MAIS TEMPO EM SUA VIDA? 🕛

Os gregos antigos utilizavam duas palavras para o tempo: *Chronos*, para o tempo sequencial e cronológico, e *Kairós* para a qualidade do tempo vivido, os momentos especiais que não podem ser medidos. Ambas derivam da mitologia, mas representam deuses diferentes, o primeiro, descrito como o senhor do tempo real, do nascimento até a morte, e o segundo com características opostas, um jovem despreocupado que personifica a oportunidade.

O tempo de Chronos é a pressão das horas comandadas pelo relógio, o que limita a quantidade de atividades realizadas durante o dia, e que escraviza a humanidade. Atualmente, podemos dizer que todos vivemos uma realidade do tempo de Chronos: linear, que vai sempre em frente, sem volta, findável, e que uma vez passada, se torna inexistente. O tempo de Chronos é implacável e é nele que vivemos.

Kairós, é a própria ocasião, os momentos favoráveis aparentemente divinos, o tempo que não pode ser cronometrado ou previsto, e que não depende de calendários ou relógios. Curiosamente, ele é retratado com uma mecha de cabelo que cai sobre sua testa, mas com a parte detrás da cabeça calva: isso reflete igualmente o que a oportunidade é na vida, às vezes está bem em nossa frente, como a franja do deus, mas jamais pode ser agarrada uma vez que passa. Entre os romanos, ele recebeu o nome de Tempus, que representa o breve momento em que as coisas são possíveis.

Vivemos ora no tempo *Chronos*, nas tarefas diárias, nas rotinas, no trabalho, na vida que sempre se esvai, ora no tempo *Kairós*, quando nos permitimos viver com qualidade e valorizar completamente os instantes vividos. Quando eu entrego o meu melhor para a vida, a vida entrega o melhor para mim. O tempo está do meu lado. O tempo sempre está do lado de quem estuda, treina e pratica. Você não precisa esperar sempre o final do calendário gregoriano para renovar seus votos e decidir iniciar ou fazer algo diferente.

Viva o tempo de Kairós, ele não é cronológico. Viva o tempo de Kairós no tempo de Chronos! Um dia você irá partir: O que irão dizer de você? Que contribuição você deixou? Quem irá sentir a sua falta? O que ainda deveria ter feito? Que sonhos ainda faltaram ser realizados?

Ainda temos tempo: a vida. Realize seus planos. Ainda é possível, não deixe ser tarde demais.

A vida é curta para ser pequena, faça valer a sua história. Não sonhe com a sua vida. ***Viva os seus sonhos.***

Quem é Angelo Wan: Empresário, Empreendedor, Palestrante, *Trainer, Master Coach*, Mentor, Assistente de Realizador de Sonhos (Você). Um especial agradecimento ao meu grande Mentor Marcelo Lyouman, que me formou como Treinador de Inteligência Emocional, e ao seu exército do bem, do qual faço parte, que alcança milhares de pessoas, transformando seres humanos e suas vidas para melhor.

INSTAGRAM: @ANGELOWANMENTOR
FACEBOOK/LINKEDIN/YOUTUBE: ANGELO WAN
SITE: ANGELOWAN.COM.BR
E-MAIL: ANGELOWANMENTOR@GMAIL.COM

BIANCA LYOUMAN

O Poder da Decisão

Desde pequena, sempre amei os animais, fui criada em uma família onde os animais são muito bem cuidados e amados, então nada mais natural, no nosso conceito familiar, do que estudar medicina veterinária. E quantas crianças não falam que querem ser veterinárias? Minha filha de cinco anos me fala isso diariamente e, quando clinicava, eu ouvi de várias crianças que gostariam de ser veterinárias. Acredito que é uma consequência de crianças que amam seus animais, quererem cuidar deles como profissionais veterinários. Me formei em 2001 em São João da Boa Vista/SP e, posso me lembrar com todos os detalhes, de quando cheguei em casa em um final de tarde de verão e entreguei o diploma de graduação nas mãos dos meus pais que estavam na cozinha fazendo um lanche. Sinto como se fosse hoje, o abraço apertado que recebi e das lágrimas de orgulho e gratidão rolando pela nossa face. Com apoio dos meus pais, abri minha clínica veterinária em Santos que, por sinal, era muito bem equipada para época. Fiz várias especializações e pós graduações enquanto estava clinicando, vivenciei inúmeros casos clínicos, cirurgias, nascimentos e óbitos, situações alegres e outras não tão agradáveis, tutores incríveis com seus animais e outros não merecedores de ser um tutor para aquele ser vivo... (tudo o que a profissão de medicina veterinária poderia proporcionar a uma médica veterinária, eu vivenciei). Cuidava dos pacientes como se fossem meus animais de estimação e ainda me recordo de quantas vezes levei pacientes operados para casa para fazer o pós-operatório no período da noite. Eu amava minha profissão. Mas sentia que faltava algo.

Eu me lembro que eu gostava muito de conhecer um pouco sobre a rotina dos tutores, pois assim eu obtinha um maior conhecimento sobre o comportamento dos pacientes como, por exemplo, como era o ambiente em que o paciente vivia, como era sua alimentação, como eram os passeios diários, hábitos diferentes, etc. E, nessa conversa, os tutores se sentiam confortáveis e relatavam além do necessário sobre seus animais, relatavam também seus problemas, suas queixas, inclusive questões pessoais e, quando eu percebia, já estava dando conselhos e fazendo "terapia" com aquela pessoa sentada à minha frente, buscando aliviar suas dores emocionais, mesmo sem ainda fazer parte do mundo do desenvolvimento humano. Mas o sentimento de empatia e a vontade de querer ajudar aquela pessoa de alguma forma estavam enraizados no meu ser. A partir dessa percepção eu comecei a marcar as consultas de hora em hora, porque era o tempo que eu precisava para atender meus pacientes e conseguir dar mais atenção aos tutores. Então eu entendi que dessa forma eu estaria ajudando um pouco mais os pacientes e os tutores.

Após alguns anos clinicando, já estava casada, com 4 filhos felinos (Lia, Cristal, Lion e Aninha), meu marido tinha uma empresa de informática e também sentia que faltava um propósito maior em sua vida profissional. Estávamos nos sentindo cansados fisicamente e mentalmente, já tínhamos ouvido falar em treinamentos de inteligência emocional e decidimos fazer uma imersão num final de semana. Durante o treinamento ressignificamos diversas crenças limitantes. Ficamos encantamos por esse universo e iniciamos a visualização de um futuro diferente. E, para que esse futuro fosse possível, seria importante buscar todos os conhecimentos, conteúdos, novidades que existissem ao nosso alcance. Posso dizer que tudo isso foi muito desafiador já que ainda trabalhávamos em nossas empresas, mas quando se tem foco, determinação e um desejo intenso de mudança, o universo conspira a favor e, então, não paramos mais de nos aprimorar nessa nova etapa de nossas vidas. Me lembro que em uma das vivências em que eu e o Marcelo estávamos, foi curioso nós percebemos quanto estávamos alinhados com nossos sonhos. De repente, após uma visualização sobre nossa missão como ser humano, o valor essencial de cada um de nós combinou. Foi exatamente o mesmo, sem nunca antes termos falado a respeito. O pessoal do instituto fez questão de reforçar o quanto esse fato seria especial para nossas vidas. A partir desse instante, ficou claro e mais fácil de perceber o quão fluido passou a ser os nossos passos nesse mundo do desenvolvimento humano. Foram inúmeras formações, treinamentos, cursos no Brasil e no exterior, muito estudo mesmo, até estarmos preparados para transformar a vida de outras pessoas e em 2009 abrimos nosso Instituto.

Já estávamos ministrando os treinamentos e cursos de formação há alguns anos, nos sentíamos realizados, com a certeza de que estávamos no caminho certo, transformando vidas. E percebemos que havia a necessidade de focar ainda mais no instituto, somente no instituto, então, conversamos muito e decidimos vender a empresa do meu marido. Porém eu ainda atuava na minha clínica, e me sentindo sobrecarregada porque com frequência ministrávamos treinamentos durante a noite e aos finais de semana. Ao mesmo tempo, eu estava atuante cinquenta por cento na clínica veterinária e cinquenta por cento no Instituto, e na minha concepção de saúde mental e profissional, isso não era ecológico. Ou você está focada cem por cento em seu negócio ou não há alavancagem neste setor da vida. Marcelo e eu conversamos muito em tomar a decisão em fortalecer o processo de amadurecimento do Instituto. Eu não precisaria financeiramente da clínica e poderia ajudar a desenvolver ainda mais nosso Instituto. Eu sabia que o Marcelo me apoiaria em qualquer decisão final que eu tomasse. Por outro lado, existia todo um sentimentalismo pela clínica, eu tinha um grande carinho e apego por tudo que foi construído durante 15 anos de trabalho como médica veterinária, amor pelos meus pacientes, a confiança que os tutores depositavam em mim, também não queria desapontar meus pais que tanto me ajudaram e me apoiaram na construção dessa carreira. Como encerrar parte de uma vida?

Antes de encerrar as atividades na clínica, acreditei ser melhor colocar outros veterinários para atender em meu lugar. Passei meu método de atendimento para manter o mínimo do 'DNA' de nossa clínica, para que não houvesse uma diferença muito grande de acolhimento e, assim, eu poderia continuar com a empresa veterinária e estar trabalhando no instituto. Porém, infelizmente o resultado não foi o que esperávamos. Os tutores não se acostumaram com os novos veterinários, pois era mais uma questão de relação com seu médico de confiança. Costumo dizer que um pai nunca substituirá o pediatra que há anos cuida do seu filho, há uma relação de confiança.

Na mesma casa onde existia a clínica, no andar de baixo, havia o setor do Pet Shop, cuja proprietária era minha mãe e, nesta mesma época, coincidiu de ela estar pensando em se aposentar.

Como uma força do destino, após conversar com a família e incentivar meus pais a participarem de nossos treinamentos – para que compreendessem o motivo de não seguir mais com a carreira de médica veterinária – tomei a decisão.

Comunicamos os tutores (que já haviam se tornado nossos amigos) e iniciamos um processo nosso de ressignificação profunda sobre poder ajudar os animais de outra forma, mesmo não atuando mais como veterinária. Novo ciclo se iniciou e, hoje, somos o Instituto Lyouman de desenvolvimento humano.

Nosso Instituto já treinou dezenas de milhares de pessoas em mais de dez países. **DESCUBRA QUAL É O SEU CHAMADO!**

CONTATO@INSTITUTOLYOUMAN.COM.BR
INSTITUTOLYOUMAN@GMAIL.COM

CARLA REIS

Do Inferno Emocional a Emoções Inteligentes

"Dos meus fragmentos, farei um mosaico.
Nunca mais serei um caco".
Dra. Rosana Alves, neurocientista.

Você pode se achar sem valor, porque a nossa história é impactada pelo que recebemos de fora (1), mas ela se expressa por aquilo que é construído por dentro de nós (2). E a partir desta construção é que podemos expressar de fato quem somos (3).

1. As pessoas têm as mesmas necessidades e demandas sobre a vida, assim como preocupações sobre o futuro.

É desejo de todos sermos amados, felizes, ter os filhos encaminhados, mas neste trajeto da vida, nossos pais podem ter nos dado a estrutura e o suporte para enfrentarmos as adversidades da vida, ou simplesmente por não terem tido o aprendizado ou não terem tido o acesso às condições favoráveis ao desenvolvimento humano, e por isso, nos tornarmos fragilizados, vulneráveis e traumatizados, frente às adversidades que viríamos a passar durante o curso da vida.

A ninguém foi dada imunidade plena e total a dificuldades. Teremos adversidades em qualquer lugar, não importando a geografia; alguns terão adversidades mais intensas que outros e, por consequência, dor e sofrimento maiores.

Fato é que não temos controle sobre aquilo que possa estar vindo ao nosso encontro, bem como situações extremas que não fizemos nada por merecer. Levamos tanto em consideração estas adversidades que tomamos como verdade as ofensas e internalizamos isto, a ponto de perdemos a paz interior. Entramos em um cárcere mental, onde cadeias de pensamentos tensos, perturbadores, estímulos estressantes externos, sentimentos exagerados vão provocando emoções doentias, sem a consciência crítica dos fatos. A mente se torna ansiosa e inquieta, o sentimento de culpa, muitas vezes, é acompanhado de um arrependimento vergonhoso, ou remorso, que traz a total desesperança e a dúvida de como poderíamos nos livrar destes sentimentos insistentes.

Levando em consideração o meu exemplo, que não tive estrutura psicológica, mental e emocional, para resolver minhas próprias questões, e as adversidades que chegaram em forma de crises e por assim dizer, perpetuadas em níveis cada vez piores, com o passar do tempo, me levando a um estado de aprisionamento mental.

O ideal para a sociedade, seria pais estruturados, saúde mental que não fosse negligenciada – para que adultos tenham emoções saudáveis e suas identidades construídas.

Esta não foi a minha realidade, mas é a realidade que estou construindo para meu filho e expondo neste capítulo.

Pais estruturados tendem a reconhecer as emoções distorcidas que os filhos possam estar sentindo, devido a variados tipos de feridas emocionais instaladas nas fases da infância, da adolescência e da vida adulta, feridas que não foram explicadas, entendidas, curadas e superadas.Obviamente, estou me referindo a uma margem macro da população em que as dores não resolvidas podem ser explicadas mais ou menos assim:

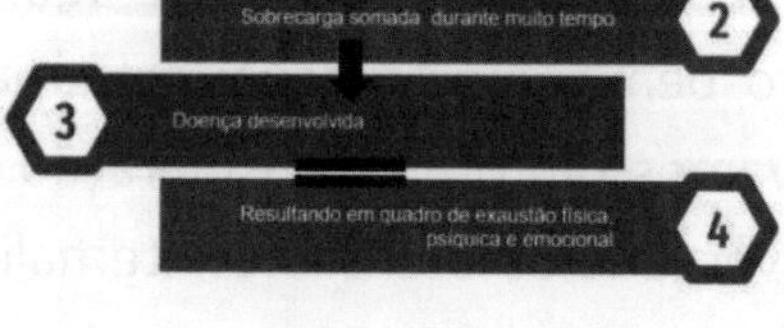

Não entendemos a nossa disfuncionalidade de pensamentos e emoções, por não sabermos quem somos, (🔑 2) e porque reagimos como reagimos.

Cheguei a esta resposta após minha própria experiência e a partir da observação dos comportamentos e relacionamentos ao meu redor:

Aprendemos errado emocionalmente ou não temos a habilidade da desenvoltura da inteligência emocional.

Ainda sobre o meu caso, eu não sabia nada sobre essa área de conhecimento. Minha maneira de ver o mundo, após crises familiares, o casamento, divórcio e pós-divórcio, era por uma condução mental desastrosa.

Entendendo que somos formatados por estruturas familiares que conhecemos por valores, crenças, religião, educação, padrões mentais e comportamentais, vícios, superstições, mitos e condições sociais.

Tudo o que não sabemos, tendemos a rejeitar, por isso atrasamos os pontos de virada na vida e incorremos em erros e suas consequências.

O que achamos ser o certo, com base no que sabemos ou aprendemos não nos dá a clareza para tomarmos decisões ou fazermos escolhas com uma boa reflexão.

Por exemplo, é recorrente colocarmos nossas emoções e expectativas nas mãos de outras pessoas e entregarmos a outros todos os nossos sentimentos para ele fazer o que quiser. Nenhuma pessoa pode ter esse poder sobre nós, interferindo sobre nossa própria felicidade.

Todas as vezes que você tem um culpado, você se isenta da responsabilidade ou de sua contribuição para situações de falha.

A história sempre será a mesma, não mudamos a história, mas mudamos como olhamos para ela.

Por temos origens diferentes, temos pensamentos diferentes, cada um tem a sua interpretação do mundo que podemos colocar como filtros mentais. Por isso, a capacidade de desenvolver a inteligência emocional implica diretamente em reconhecer os seus filtros mentais. Se tenho pensamentos errados, vou gerar sentimentos errados e cometer ações erradas.

Isto é aplicável a tudo na vida, nas pequenas e nas maiores decisões que tomamos. Devemos aplicar os filtros mentais no que ouvimos, falamos, escrevemos, lemos, assistimos e discutimos.

Corrigir e ajustar esses filtros é fundamental para fazermos uma leitura mental racional, refletida e equilibrada. Deste modo, não transformo minhas emoções em transtornos emocionais desastrosos.

Outro exemplo recorrente é a ação reativa do tipo bateu/levou ou a atitude de não levar desaforo para casa, de ter o pensamento de "não vou deixar passar essa". Essas são reações instintivas e instantâneas com os acontecimentos.

O autor Augusto Cury ensina uma técnica muito simples de ser aplicada: o pensar antes de agir. É de fato um clichê dito, mas não praticado.

No exato calor de um momento, você pode se perguntar nos milésimos de segundos de um pensamento:

Quem fez?

Por que fez?

Em que circunstâncias fez?

Devo comprar essa discussão ou essa briga?

Talvez você precise resolver esta desavença em outro momento, mas você evitou possivelmente o surgimento de um problema relacional.

Como na maior parte das vezes, o outro está aguardando sua reação como resposta. Este tempo te possibilitará usar a inteligência emocional levando a uma reação reflexiva frente à reação reativa que poderia ter.

A reação reflexiva deveria ser o padrão comportamental de todas as pessoas, em todos os níveis de relacionamentos, mas somente as pessoas inteligentes conseguem pôr em prática esse treinamento diário.

Às vezes, uma fase ruim não é a sentença para toda uma vida, mas a falta de habilidade de gerir as próprias emoções, não usar o filtro mental leva a decisões permanentes baseadas em sentimentos passageiros. Exemplo:

Existem casais feridos que se separam, mesmo se amando.

No curso natural da vida, sem ter acesso ao conhecimento e ao autoconhecimento, é impossível chegar à base de tudo. 3

A mudança de mentalidade.

É através dela que alcançamos o processo de amadurecimento e a expansão da nossa consciência. O controle da gestão das nossas emoções nos faz sofrer menos, nos ensina a sermos felizes, apesar das adversidades da vida, e nos dá condições estruturais para resolvermos os problemas e a lidar com eles.

A consciência se amplia junto ao conhecimento.

Gosto de pensar que o conhecimento é como um grão de milho, que é transformado em uma PIPOCA. É quando uma pipoca não volta a ser um grão de milho novamente ou se torna um piruá[1].

Podemos ser pipocas, mas também podemos ser piruás. De nada adianta ter o conhecimento se a sua prática não for aplicada.

Quando o conhecimento adquirido é desenvolvido gera transformação no comportamento, nas atitudes e nas tomadas de decisão.

A mentalidade é reconfigurada.

Isso não acontece em passos de mágica, cada pessoa vai passar por este processo de transformação conforme sua necessidade ou urgência em resolver as adversidades da vida.

Não mudamos a nossa história mudando alguém, mas só mudamos a nós mesmos.

Para mim, o conhecimento veio pelos estudos através de cursos, palestras, livros, terapia especializada, espiritualidade e treinamentos.

O acesso ao conhecimento nos leva ao autoconhecimento, que confronta nossos piores sentimentos. É provável que a nossa identidade esteja em ponto de interrogação e só sabemos quem somos pela opinião dos outros.

[1] Um grão de milho que não estourou.

A construção da identidade é desafiadora, porque não faz saber quem você é, mas quem escolherá ser no futuro. É abrir as possibilidades para esse futuro, e o passado fica no passado como uma referência de erros cometidos e não repetidos.

Tem gente remoendo mais do que fez no passado para corrigir, do que trabalhar o que fará no futuro.

O tempo é necessário neste processo e cada um tem o seu tempo, e este período de tempo deve ser respeitado.

A cura das feridas emocionais vêm de reconhecer a causa e seus sintomas.

Exemplo: uma depressão que não seja de causa orgânica, onde é necessário o tratamento medicamentoso e psicológico especializado, para que a medicação tire a pessoa da cama para ter suas atividades básicas, minimamente preservadas, sem descobrir a causa e encontrar condições psíquicas para que ela própria desenvolva mecanismos para superação, não a fará sair desse processo depressivo.

Não conseguimos sozinhos resolver as adversidades que enfrentamos. Precisamos de ajuda.

O divórcio pode ser a pior dor da vida de alguém, como foi da minha, afetou a minha saúde física e emocional.

No meu processo de desenvolvimento pessoal me deparei com minhas emoções muito doentes e o grande desafio de me perdoar e perdoar todas as pessoas envolvidas, e as ofensas sofridas.

Foi necessário o processo de perdão.

Sem ele, seria impossível ter retomado o casamento destruído.

Encerro o capítulo com a pergunta mais frequente que recebo. Como fiz para retomar meu casamento?

E quando dou a resposta: perdoando a si mesmo e aos outros, eu escuto que pode ser qualquer coisa, exceto perdoar.

O perdão não pode estar condicionado ao outro.

É exclusivamente uma escolha sua.

Não está vinculado ao ofensor reconhecer seu erro e pedir perdão ao ofendido, para que assim o ofendido consiga perdoar e esperar reciprocidade.

Este perdão não cabe na matemática de porcentagens, é oito ou oitenta, é tudo ou nada. É uma escolha pessoal, de grandeza, libertadora e curadora.

O perdão tem o poder de amar, de reconhecer seus erros próprios, de autoaceitação, de superação e esperança.

Curar o passado para viver o presente e construir o futuro.

CARLA REIS

ENFERMEIRA ESPECIALISTA EM PSIQUIATRIA E SAÚDE MENTAL/2021

TREINADORA DE INTELIGÊNCIA EMOCIONAL PELO INSTITUTO LYOUMAN/2020

E-MAIL: CARLAREISENF@YAHOO.COM.BR

INSTAGRAM: @CARLAARAGAOREIS

CARLOS EDUARDO TÁPIA

O quilo de alimento que mudou a minha vida!

Propósito de vida: Ajudar e treinar pessoas e empresários para não se tornarem escravos das circunstâncias e, sim, ter uma vida de liberdade se desenvolvendo de forma a ter resultados para viver uma vida extraordinária!

O QUILO DE ALIMENTO QUE MUDOU A MINHA VIDA!

Venho, através desta incrível obra, trazer a minha história de superação, mostrar que uma família unida é capaz de superar qualquer dificuldade, a importância de se desenvolver pessoalmente, além de compartilhar minha experiência profissional com incríveis dicas de como a topografia pode te ajudar na compra de um imóvel e ainda economizar. Se não souber o que é topografia, não se preocupe, vou explicar de forma simples a você. Aproveite e boa leitura!

COMO TUDO COMEÇOU

Nasci em 1979, na cidade de São Bernardo do Campo, estado de São Paulo, sendo o filho mais velho dos três que meu pai e minha mãe tiveram. Tive uma infância muito simples e com muitas dificuldades financeiras, mas com o esforço do meu pai e a união da nossa família, superamos isso.

Meu pai é uma pessoa muito simples e com uma honestidade admirável. Em sua juventude, se formou técnico em eletrônica, porém não se identificou com a profissão, e através do meu tio teve a oportunidade de fazer um curso técnico de Agrimensura, apelidado e conhecido na profissão como topógrafo. Ele se formou em 1978 e foi aí que começou a história da Tápia Topografia.

Eu, desde pequeno, me deslumbrava vendo ele fazer na prancheta aquelas plantas gigantes de topografia, tudo à mão sobre o papel vegetal, onde ele debruçava e ficava dias fazendo para finalizar alguns trabalhos. E foi ficando ao lado dele que tive meu primeiro contato com a profissão, passava horas com folhas de papel desenhando, e foi assim que me liguei a essa incrível profissão.

Por volta dos meus sete anos de idade, nas minhas férias escolares, comecei a acompanhar meu pai em algumas obras para ajudar segurando a ponta da trena. Os terrenos, naquela época, eram medidos na trena e os dados coletados todos anotados à mão. Quando completei 13 anos, decidi fazer um curso de AutoCAD (software utilizado para produzir desenhos técnicos) e comecei a trabalhar com meu pai todos os dias.

Resumidamente, aprendi a fazer no computador aquelas plantas de topografia que ele desenhava manualmente, e que, naquela época, já era uma obra de arte. Começamos, então, a ampliar a empresa em conjunto, agregando o amor da família e a implantação de tecnologia, onde tive a oportunidade de receber todos os anos de conhecimento dele e diversas coisas que aprendermos juntos.

Daí em diante seguimos com o negócio, chamo de negócio porque trabalhávamos somente eu, meu pai e mais um ajudante, e assim seguimos por muitos anos, em 1998 entrei na faculdade de Engenharia, tudo estava bem, porém, em setembro de 2001, quando houve o atentado às torres gêmeas, nos Estados Unidos, os trabalhos pararam bruscamente e passamos por grandes dificuldades. Como nunca fui conformado com nenhuma situação ruim, resolvi por uns anos ir para o mercado de trabalho.

Tive grandes experiências e oportunidades realizando vários tipos de trabalhos, como: inspeção de pontes, executar obras públicas, construção de casa de alto padrão, acompanhamento de obra de edifícios, da fundação ao acabamento, supervisão e controle de qualidade em serviços prestados para a Petrobrás, atuei como engenheiro residente de manutenção e novas obras na BASF, como perito judicial e particular, focado em problemas construtivos.

Eu me formei em engenharia em 2006, e no ano seguinte retornei às atividades na Tápia Topografia, desta vez com muito mais experiência e um novo olhar com essa vivência nas empresas multinacionais.

O negócio seguiu, estava estabilizado com bons trabalhos, caixa sadio, porém, eu trabalhava das 6h às 23h, quase todos os dias, inclusive aos fins de semana. Casado e com um filho pequeno, tinha ciência de que não era isso o que queria viver, e vi que precisava mudar a rota e mudar o que vinha fazendo.

Mas foi em 2017 a grande virada de chave da minha vida, vi um anúncio no Instagram, anunciando uma palestra sobre os três pilares para se ter uma empresa autogerenciável.

O valor da entrada era a doação de 1kg de alimento para participar, brinco que esse foi o quilo de alimento que mudou minha vida, pois foi o divisor de águas que abriu meus olhos em que comecei a entender que eu estava sendo um péssimo pai, péssimo marido, mesquinho, grosseiro, egoísta, medíocre e dinheirista. Não valorizava ninguém, nem a mim mesmo.

Como eu sempre quis ser uma pessoa melhor, comecei a me desenvolver participando de várias palestras, imersões e formações, descobri que estava fazendo tudo errado na minha vida e no meu negócio, mas foi quando tive a clareza que novamente poderia mudar a rota do que estava vivendo, e tive a noção de que a mudança deveria partir de dentro de mim, pensando em quem eu gostaria de ser.

Daí em diante, comecei a assumir minha posição como marido, pai e empreendedor, fazendo uma conexão intensa com meus filhos que hoje falam que me amam todos os dias, e aprimorando meu papel de empresário, transformando nosso negócio em uma empresa de sucesso, onde as pessoas têm prazer em trabalhar, nossos clientes têm prazer em nos indicar, deixei tudo muito organizado com procedimentos e processos de como fazer cada coisa.

Hoje tenho uma vida próspera, viajo com minha família, passo uma semana fora da empresa, sem me preocupar, mas não foi do dia para a noite que conquistei tudo isso, foi como um trabalho de formiga, constante, persistente e focado em desenvolver não só eu, mas a minha equipe para que a empresa se tornasse um lugar atraente e confortável para trabalhar.

Hoje, os funcionários que entram como ajudantes, utilizam suas horas vagas para treinar AutoCAD, e são treinados e desenvolvidos para evoluir e ter uma profissão, não trabalhando a vida toda como ajudante. Fazemos diversos treinamentos de desenvolvimento pessoal e profissional com os nossos colaboradores, a empresa cresceu mais de 80% no último ano e isso é só o começo do que há por vir!

Nunca deixe de adquirir conhecimento e, principalmente, colocar em prática o que aprendeu, nossa mudança vem sempre de dentro para fora, colocando-se no lugar do outro para fazermos o melhor. Quando compartilhamos nossos conhecimentos é que temos a oportunidade de crescer, **TREINE PESSOAS**, estamos aqui nessa vida para deixar um legado, tudo que apreendemos não foi à toa, foi para deixar um mundo melhor para as próximas gerações, assim como fizeram para você.

Recomendações para uma vida extraordinária: leia a Bíblia, acredite e tenha fé, conecte com seus parentes, sejam eles pais, filhos, irmãos, companheiro, faça *networking*, agradeça por tudo aquilo que tem e que irá ter, transmita seus conhecimentos, planeje seus caminhos, respeite o tempo da caminhada, comemore seus resultados, independentemente do tamanho, pratique atividades físicas, cuide da sua alimentação: ela te garantirá longevidade com saúde.

TOPOGRAFIA? NOSSA O QUE É ISSO? PARA QUE SERVE?

Mencionei a topografia em minha história, mas, infelizmente, nem todas as pessoas têm o conhecimento do que ela significa e o que pode agregar em nossa vida.

Você tem noção do que é topografia? Sabe o que ela pode agregar em sua vida? Já pensou em ganhar dinheiro contratando um serviço de topografia?

A topografia serve para apresentar as características de um imóvel, como: formato, relevo com as declividades e desníveis, e edificações existentes.

Com a obtenção de forma precisa de todas as medidas e área do terreno, você pode verificar se a situação real condiz com a situação dos documentos.

O que acontece é que em mais de 90% dos imóveis urbanos faltam medidas, falo isso com maestria, com mais de 30 anos trabalhando no ramo, medindo e calculando áreas.

Se todas as pessoas tivessem este conhecimento, evitariam muitas frustrações e dores de cabeça.

Muitas construtoras não contratam o serviço de topografia, projetam os edifícios pelas medidas apresentadas nos documentos e descobrem somente na hora de construir que eles não cabem no terreno porque faltaram medidas. Em alguns casos mais críticos, perdem o projeto, em outros, eles tentam adaptar o projeto, mas prejudicam os compradores. Imagina sua vaga de estacionamento no prédio faltando meio metro? Você não conseguiria abrir a porta para sair do seu carro! Parece brincadeira, mas isso acontece regularmente.

Uma obra feita sem o acompanhamento de topografia pode prejudicar seus usuários finais. O edifício pode ter seus pilares erguidos em lugares impróprios, causando uma série de problemas aparentemente mínimos que, no dia a dia, apresentam questões inviáveis, como por exemplo: uma garagem onde não é possível abrir a porta de um carro estacionado por existir um pilar em posição errada, ou com vagas que não comportam o tamanho do automóvel, ou questões ainda mais sérias, como problemas de trincas no prédio, além de diversos outros inconvenientes em que o maior prejudicado é o comprador.

EM RESUMO, A TOPOGRAFIA
É ESSENCIAL PARA GARANTIR
A QUALIDADE DE UM IMÓVEL.

COMO COMPRAR UM IMÓVEL DE FORMA SEGURA

Apesar de ser um trabalho pouco divulgado, a topografia é essencial para a vida de qualquer pessoa que deseja construir, adquirir ou vender um imóvel, por trazer as informações reais de um terreno ou imóvel. Ao contratar um serviço de topografia antes de concluir a compra, as pessoas evitam cair em golpes ou mesmo comprar imóveis com metragens muito menores do que as apresentadas nos documentos.

Como dica recomendo:

- Antes de comprar um imóvel, contrate uma empresa de topografia idônea, faça um levantamento topográfico do terreno para conferência das medidas, pedindo um comparativo das medidas reais com as medidas de matrícula ou registro em cartório.

- No caso de terrenos com edificação, verifique se a edificação está regularizada junto à Prefeitura e se a planta da Prefeitura está em conformidade com o que existe construído no local.

- Verifique se o imóvel tem matrícula registrada em cartório, em nome do vendedor. Muitas pessoas compram imóvel com contrato de compra simples, com firma reconhecida, mas não tem conhecimento de que esse contrato não tem validade legal, além de haver pessoas que fazem a venda do mesmo imóvel, para mais de uma pessoa.

- Levante as certidões dos vendedores para saber se não possuem dívidas ativas, processos trabalhistas, indenizatórios, massa falida de empresas etc. Você deve pesquisar a vida dos vendedores, porque se acontecer de algum deles estar devendo, existe a possibilidade de você perder o imóvel que está comprando para o pagamento da dívida do vendedor, mesmo você tendo pagado o valor total ou parcial do bem adquirido.

COMO GANHAR DINHEIRO NA COMPRA DE UM IMÓVEL

Como agora você já sabe que em 90% dos imóveis faltam medidas, quando for adquirir um imóvel, contrate a topografia antes de assinar qualquer contrato ou papel. Informe o vendedor que quer fazer a topografia para checagem do terreno.

Com o levantamento topográfico em mãos, verifique se a área do terreno está menor do que consta no documento. Se sim, peça para o corretor de imóveis, intermediador ou proprietário para fazer constar em contrato ou compromisso de compra, que está efetuando a compra e vai pagar sobre o terreno real apurado.

Simples assim, vou dar um exemplo para ficar mais claro:

Suponhamos que você esteja interessado em comprar um imóvel que custa R$ 500 mil, cuja área de terreno registrada em cartório é de 500 metros quadrados; medindo 10 metros de frente por 50 metros de profundidade, e que um dos vizinhos avançou sobre o terreno meio metro, o que é imperceptível a olho nu, mas que, em relação à metragem total do terreno, resulta em menos 25 metros quadrados da área. Esta simples diferença significa 5% do valor total do negócio de R$500 mil, ou seja, você tem o direito de pagar R$25 mil a menos do valor total do imóvel.

Este é um exemplo para um terreno em que falta apenas 5%, mas existem outros em que chega a faltar muito mais. Aí você tem outro problema, porque quando a variação de medidas e área ultrapassam 5%, para regularizar a propriedade com as novas medidas é necessário fazer uma retificação de área junto ao registro de imóveis, e isso tem um alto custo, com um longo prazo para quem vai regularizar. Por isso, é necessário verificar os custos, antes de seguir adiante na negociação.

Outro agravante que pode gerar mais descontos na compra é quando a construção não está de acordo com o projeto aprovado na Prefeitura. Os processos de regularização não são baratos e são cobrados de acordo com a metragem construída do imóvel. Se você descobrir isso antes da compra, é barganha para negociação também.

CONTRATE TOPOGRAFIA
QUE VOCÊ TEM MUITOS
GANHOS A PARTIR DELA!!

Engenheiro Civil
Perito em problemas construtivos
Especialista em Topografia
Mentor empresarial
Coach
Treinador de inteligência emocional

@TREINADORTAPIA (INSTAGRAM)
@TAPIATOPOGRAFIA (INSTAGRAM)
(11) 974929303 (WHATSAPP)
ENG.TAPIA@GMAIL.COM (E-MAIL)

DAN AVELLINO

E por trás do palco, o que acontece?

Quais as motivações daquela pessoa que escolheu ser treinador, daqueles que se esforçaram para fazer parte da equipe e dos voluntários que irão sorrir o evento inteiro, com orgulho de ser *staff*?

Aprendi coisas inimagináveis durante todos esses anos vivendo nos bastidores de Treinamentos. Carrego comigo um orgulho único de ter composto a equipe principal do maior Instituto de Desenvolvimento Humano e formação de Treinadores da América Latina e Europa. Vi nascer e acompanhei trajetórias de treinadores que hoje levam centenas de pessoas para um evento de fim de semana que, geralmente, tem potencial de mudar a vida de cada uma delas. E eu sei bem do potencial de um treinamento, eu já vivi e o vi de vários ângulos.

Você já deve ter entendido o quão um treinamento é poderoso, o quanto pode ser bonita e inspiradora a história dos treinadores que escreveram os outros capítulos deste livro e, com certeza, percebeu que, se você ainda não vivenciou a experiência de um treinamento, seja como aluno ou como treinador, você ainda não viveu o máximo poder do Desenvolvimento Humano...

Quero fazer deste capítulo um esclarecedor de ideias e te dar pontos de vista novos sobre o universo dos treinamentos.

O primeiro conceito é universal e cabe a qualquer ser vivo.

Nosso pensamento sempre está em algum movimento e direção.

Ou ele está em busca do prazer, ou fugindo do desprazer.

No começo das escolas de Desenvolvimento Humano e Institutos de Treinamentos, as opções eram contadas em uma mão só, não havia um caminho claro a ser seguido e os estudos eram desconexos; era normal um profissional de *Coaching* não conhecer ferramentas da Programação Neurolinguística, hoje isso é incabível.

Assim como a maioria dos treinadores dos anos 2000, eu também entrei nesse universo vivenciando um treinamento, o treinamento que deu origem a todos os outros. O treinamento que fez os maiores treinadores da atualidade escolherem viver de treinamentos. O "treinamento raiz", profundo, com único foco em impactar. O Treinamento que nasceu exclusivo, que apenas três Institutos aplicavam. O *Leader Trainer* 1.

Independentemente do momento em que sua vida está, o *Leader Trainer* 1 vai melhorar todos os pontos de vista, é um fato. Ele foi desenvolvido para mexer com todas as emoções, é estruturado para ser um laboratório da vida real, três dias cronometrados, *scriptados,* com cada passo ensaiado. O treinamento perfeito.

Era escasso, de verdade, eu não tinha motivos para passar um valoroso final de semana em um treinamento que ninguém fala o que acontece, além do mais, não era algo acessível, não havia opções, a oferta era baixa. Era comum desembolsar de R$4 mil a R$7 mil, por treinamento.

Mas eu não sabia de nada disso.

Minha rotina era típica de um suburbano em ascensão nascido em São Paulo nos anos 80, trabalhava para estudar e estudava para trabalhar. Sempre gostei de estudar, tenho facilidade de lembrar de assuntos aleatórios e aprendi que isso ajudava muito nas conversas.

Comecei cedo, com 11 anos eu já trabalhava como ajudante de camelô e com 20 e poucos anos, já com um cargo de negociação comercial no banco, tinha a oportunidade de estar em contato com médios e grandes empresários. Cada reunião era uma aula para mim, comecei a perceber padrões nos comportamentos daqueles que sempre se davam bem com as metas e daqueles que sempre tinham desculpas prontas para atrasarem os prazos negociados. A diferença entre os discursos dos considerados com sucesso e dos fracassados me chamava tanto a atenção que eu levava esse assunto para todos os lugares, discutia na faculdade, discutia entre os amigos e um dia levei para o almoço em família.

Minha família já é no estilo neoclássica, composta da super-mãe, a mulher viúva e sem herança, o filho mais velho, cético e questionador e a irmã mais nova, sem juízo e cheia de histórias.

E antes mesmo de acabarmos o almoço, minha mãe fez questão de ir buscar o livro que estava lendo, sobre o assunto que eu acabara de trazer à tona.

O Segredo. Foi meu primeiro contato com alguém dizendo que o pensamento faz diferença nos resultados. Eu li, entendi, e questionei mais do que gostei, não vi sentido naquele mecanismo de sucesso, mas entendi que o pensamento faz diferença no resultado.

Em uma das comemorações de meta batida do trabalho, elogiei a forma que o empresário lidava com a equipe e como a postura dele já apontava para o sucesso do mês, ele ficou feliz pela especificidade do elogio, agradeceu e confessou que, a menos de um ano ele estava com a corda no pescoço, com as malas prontas para abandonar a família e contando os dias para mandar os funcionários embora e fechar a loja, e expressou o quanto aquela comemoração patrocinada pelo banco era representativa para ele.

Guardei como uma fotografia o rosto dele naquele momento, e sou capaz de lembrar de cada palavra que ele disse naquela troca de frases durante o churrasco.

Na semana seguinte, já sem efeito do álcool, perguntei para ele o que aconteceu, o que fez ele mudar de ideia sobre terminar o casamento e fechar a loja, e ele me disse:

- Um final de semana.

Treinamento de Desenvolvimento Humano era artigo de luxo, ficava entre viajar para a Disney ou trocar de carro no final do ano... Definitivamente, eu não tinha tempo, dinheiro e nem motivos para investir "naquilo". E foi ouvindo essa minha opinião que a sócia dele fez uma "proposta indecente".

Ela havia se tornado uma amiga, conversávamos sobre desafios e vitórias pessoais, eles me conheciam além do profissional e ela também já havia feito o tal treinamento de final de semana.

– Vou te inscrever na próxima turma, você vai fazer, se você não gostar, tudo bem. Se você gostar, vai fazer o mesmo que estou fazendo por você para outra pessoa, ou seja, vai pagar e dar o treinamento de presente para alguém que você sabe que merece.

O treinamento custava R$3.200 mil e o hotel R$1.800mil. Cinco Mil Reais era muita grana, muita. Lembra que eu comecei como ajudante de camelô com 11 anos? Minha crença era de contar moedinhas. Ela é minha amiga, eu sabia que R$5 mil fariam diferença para ela.

Não aceitei. Mas concordei em fazer o treinamento, na pior das hipóteses, eu faria um bom *networking.*

Eu sou o filho cético e questionador, eu entrei naquele final de semana com os "dois pés atrás", atento, observando...e, na sexta-feira, na entrada do salão, eu já me perdi e passei a não entender nada, já não fazia sentido a postura dos visitantes, dos treinadores, dos funcionários do hotel...e assim começou a minha jornada.

Depois de eu ter levado todos que eu podia para o *Leader Trainer* 1, minha missão era continuar a jornada. O *Leader Trainer* 2 só acontecia duas vezes por ano, e eu tive que esperar até conseguir uma vaga. O *Leader Trainer* 3 acontecia uma vez por ano e até o vestuário era caro..., mas valeu cada centavo.

Não preciso dizer o quanto minha vida mudou depois que conheci os treinamentos, né? Não caberia, eu só tenho um capítulo neste livro.

Depois de dois anos de ter participado do primeiro *Leader Trainer*, eu já era um viciado em treinamentos. Já havia participado de treinamentos de outros Institutos e estava em busca dos próximos níveis.

Nessa altura da minha vida, o que eu mais cuidava em mim era:

Em que direção está o meu pensamento?

O segundo conceito que eu uso para categorizar tudo que envolve um treinamento são as caixinhas. Imagine duas caixinhas diferentes, uma preta e branca e outra colorida. Eu chamo a preta e branca de "Vida de Adulto" e a colorida de "Vida Romântica", e eu prometo que vai fazer sentido para você também.

Não existia um curso que explicasse o que acontecia dentro dos treinamentos. As equipes eram restritas e poucos membros sabiam mais do que suas funções durante o evento. Era um universo fechado. E em um dos meus inúmeros questionamentos com *staff* e membros de equipes, um deles revelou a vontade que estava de estudar um assunto que ainda era novidade para a maioria ali; ele disse se tratar de uma formação, algo em torno de dez dias de estudos e com explicações com bastante estudos e alguns até científicos sobre o que acontecia dentro dos treinamentos.

Programação Neurolinguística.

Um termo totalmente novo no meu vocabulário. Como bom *nerd*, em poucas semanas eu já havia lido tudo o que era possível de encontrar na época, já era íntimo das ideias de Tony Robbins e já sabia exatamente o que queria estudar.

Nessa altura da vida profissional, com todos os conhecimentos adquiridos nos treinamentos, eu já estava confiante em investir mais alguns dígitos na continuação do meu desenvolvimento humano.

Eram mais dois níveis de estudos: *Practitioner* e *Master Practitioner* e eu já tinha selecionado as duas possíveis escolas para estudar. Escolhi a mais tradicional.

PNL era como se estivesse reaprendendo a ler, como se estivesse recebendo um manual dos seres humanos. No *Master,* eu aprendi sobre crenças, ferramentas para desafiar crenças, reestruturação de experiências, sobre como modelar alguém, metamodelagem. O pressuposto que marcou foi: "Se alguém pode, eu também posso" (tudo que um ser humano consegue, eu também consigo).

E o que mais vale a pena eu destacar neste capítulo do livro e nesse capítulo da minha vida é:

O PODER DOS VALORES.

Pressuposto da Programação Neurolinguística: O valor é constante.

Minha mãe ganhou o título de viúva durante minha primeira infância, antes mesmo de eu aprender a escrever "TRABALHO" ela passou no concurso público municipal, focou em cuidar da minha irmã e de mim sozinha, e não sobrava muito tempo para adotar qualquer religião. Ela tinha lido O SEGREDO, lembra? A crença dela era muito mais no pensamento, do que na benção. Mas ainda assim, cristã.

Endeusar nunca foi um comportamento para mim. Nunca entendi pessoas que endeusavam imagens, ideias e, pior ainda, pessoas. E estudar crenças clareou os funcionamentos neurológicos do sistema de crenças.

Mais uma vez, como um bom *nerd*, eu apliquei isso na minha vida. Sabe o que Platão quis dizer com "sair da caverna"? Pois é, ele devia estar falando exatamente dessa sensação. Aquela ideia de:

– Meus olhos doem.

– É porque você nunca usou.

Depois de ter feito o *Practitioner*, o *Master Practitioner* e o *Trainer* na mesma escola, estava apto a ser voluntário como "anjo".

Foi meu primeiro contato com o "por trás do palco".

Durante o primeiro mergulho na Programação Neurolinguística, eu resolvi sair do mundo corporativo e decidi ser empresário. Montei uma agência de comunicação e marketing. E, ao mesmo tempo que eu aprendia os desafios de ter uma empresa, eu descobria o lado preto e branco do mundo mágico do Desenvolvimento Humano.

Todo Instituto é uma empresa. Toda empresa tem que dar lucro.

Uma ferramenta simples e poderosa é o Quadro dos Sonhos. Com todos os requisitos científicos, o Quadro dos Sonhos é quase que obrigatório para quem sabe onde quer chegar. Faça o Quadro dos Sonhos, se tiver alguma dúvida de como fazer, eu te ensino.

O primeiro Quadro dos Sonhos que eu criei tinha objetivos de médio prazo: morar no litoral; fazer dinheiro de forma independente; continuar os estudos de forma nacional e internacional; entre outros...

Um dia, trabalhando na minha sala, na agência que ficava em Santos, litoral paulista, eu recebo o aviso de um "irmãozão", que havia me indicado para um trabalho especial e que eu ia adorar a surpresa. Quem fez a indicação foi o Velasco e, em poucas horas estava sentado na minha frente o Marcelo Lyouman.

Meu Quadro dos Sonhos acertou onde eu nunca teria mirado.

Antes de qualquer um no mundo, ele tinha o projeto de ensinar o passo a passo de como aplicar o *Leader Trainer*. Aquele treinamento que mudou minha vida? Que mudou a vida de uma galera que hoje são conhecidos como treinadores? Pois é, o Marcelo estava levando esse ensinamento para todos. E como se isso já não fosse ousado o suficiente, ele também tinha embaixo do braço um projeto chamado "Poder Sem Limites". Foi aí que o preparo e a oportunidade se encontraram, agarrei de tal maneira que misturei minha história com parte da trajetória do que é hoje o maior Instituto de Desenvolvimento Humano e Formação de Treinadores da América do Sul e Europa.

Existe algo de viciante em ver a transformação das pessoas. Em acompanhar uma história e ver o reencontro com caminhos felizes. Existe algo de prazeroso em acompanhar a descoberta de novos significados, de ver uma dor virando força, uma lágrima trazendo sorrisos.

O lado mágico do treinamento é o efeito. Pode ser a causa para os que participaram. Mas é o efeito de muito trabalho, muita estratégia e muitas funções e pessoas distintas. Por trás do palco o pensamento é além da transformação.

É inegável que a maioria das pessoas conhecem esse universo como alunos e, como bons seres humanos, alguns entendem a oportunidade de negócio que existe ali. É um mercado vasto e pouco explorado, com potencial de altíssimos ganhos e com uma missão digna.

Foi com esse eixo e com a competência sobre-humana do Marcelo que a Formação de Treinadores de Inteligência Emocional se tornou a principal formação para qualquer um que queira subir em um palco para impactar pessoas. O Marcelo estava no lugar certo e na hora certa, em pouco tempo ele ficou conhecido como Treinador dos Treinadores.

E foi daquela mesma forma de observar os empresários de sucesso e os de fracasso que eu comecei a entender quais alunos seriam grandes treinadores e quais iriam apenas ter mais um certificado pendurado na parede.

Uma das regras para ser um grande treinador é, separe o "preto e branco" do "colorido". Duas caixinhas diferentes.

E o terceiro conceito para este capítulo é:

A Congruência é o que sustenta.

"Toda ação tem uma intenção positiva" - Pressuposto da PNL.

Ser Treinador é essência. Escolher subir em um palco, manter a postura de herói e transformar centenas ou milhares de vidas é algo que vai além do preparo, vem da essência.

As ferramentas ensinadas, os *scripts* com as palavras encaixadas, as dinâmicas milimetricamente testadas não são o suficiente para tornar o final de semana o ponto de virada da vida, é necessário tudo isso ser acompanhado com a congruência, com a paz, com as certezas e convicções daquele que será o maestro do show, que só acaba depois do renascimento.

Nas minhas participações em eventos de outros grandes treinadores, de treinadores iniciantes, de treinadores de outras áreas, além do desenvolvimento humano, na minha história navegando nos bastidores dos eventos eu já posso listar três certezas:

Os pontos em comum entre os Treinadores de sucesso são:

1 - Eles sabem a direção em que está seu pensamento;

2 - Eles sabem separar a parte romântica e colorida da parte preta e branca: a vida de adulto.

3 - Acima de tudo, eles são congruentes.

Dan Avellino, neurocientista comportamental, professor de neurolinguística, treinador de inteligência emocional.

INSTAGRAM.COM/DANAVELLINO
INSTAGRAM.COM/ESCOLADEPNL
YOUTUBE.COM/DANAVELLINO
YOUTUBE.COM/ESCOLADEPNL

DANIELLE MATSUMOTO

Em busca de sua Essência

Eu sou Danielle Matsumoto. Auxilio psicólogas a alcançarem a segurança pessoal e profissional por meio da Inteligência Emocional. A minha história não é muito diferente da sua, já passei por muitas provações desde a infância, cheia de altos e baixos. Desde muito nova, gostava de ajudar as pessoas e sonhava em salvar vidas.... Por isso, decidi cursar a faculdade de Psicologia e também para entender os meus traumas e feridas emocionais do meu passado. Mas, infelizmente não foi o que eu encontrei na faculdade, pois só havia muitos trabalhos, provas e estágios.

Durante a graduação eu conheci o Dr. Adalberto Barreto, fundador da Terapia Comunitária Integrativa, onde foi o meu primeiro contato com a Inteligência Emocional, que foi o divisor de águas na minha vida. Foi assim que eu achei esse autocuidado que eu buscava, entendi a importância de cuidar primeiro de mim para depois cuidar do outro, foi onde passei a ter **AMOR PRÓPRIO**, acolher a minha criança ferida. Passei a ver a Psicologia de uma maneira mais clara e entender várias formas de ajudar as pessoas. Elas só querem que suas dores sejam acolhidas com cuidado, respeito e amor. Aprendi também que a "Carência gera Competência", muitas vezes, o nosso maior propósito está ligado com a nossa maior dor, a nossa ferida emocional. Eu gostava de ouvir as pessoas, porque eu não era escutada na minha infância, eu não tinha ninguém que pudesse conversar, buscava alguém que não fosse me criticar, me julgar, nem me condenar e, sim, me acolher com respeito e amor.

Após a Faculdade, passei por vários altos e baixos, tanto pessoais quanto profissionais, trabalhei em diversas áreas da Psicologia, muitos anos trabalhei com algo que detestava, que era avaliação psicológica, mas fiquei no total uns seis anos nessa área só por conta do retorno financeiro, mas não era feliz, porque eu amava mesmo trabalhar com psicoterapia, treinamentos e palestras. No meio da minha jornada, tive depressão, tinha perdido todo o sentido, não via motivo de viver, estava totalmente sem propósito. Na época, eu não achava outra psicóloga que pudesse me ajudar de maneira rápida e eficiente; eu já não aguentava mais viver daquele jeito, meu marido e minha filha não aguentavam mais me ver daquele jeito, sem brilho, como se a minha luz tivesse se apagado.

Então, busquei ajuda em livros e cursos, que me ajudassem nessa busca de ter um propósito novamente. Investi tudo o que eu tinha, inclusive o dinheiro da reforma da minha casa. Até que encontrei o Treinamento de Inteligência Emocional ministrado pelo Acrísio de Medeiros e isso realmente mudou a minha vida!! *Me* tirou do fundo do poço me dando um **PROPÓSITO** de vida... e despertou a força e a segurança que faltava em mim e foi assim que a Inteligência Emocional entrou de vez na minha vida.

Participei de vários treinamentos de Desenvolvimento Humano como Eneagrama, várias formações de Comunicação Não-Violenta, Resgate da Autoestima, Teatro do Oprimido, Psicodrama, Leitura de microexpressões faciais, vários cursos de *Coaching*, tudo isso me ajudou ser a mãe dos meus sonhos para os meus filhos, a ter uma melhor comunicação em casa com eles e meu marido, aprendi a acolher a minha criança interior e identificar o sofrimento da criança interior do outro. Levei novas técnicas para meus atendimentos que aceleraram os resultados que os clientes buscavam. Comecei a atendê-los em domicílio, mas ainda tinha o sonho de montar a minha clínica.

Foi então que encontrei uma oportunidade e decidi abrir a minha clínica que seria multidisciplinar, pois englobaria todas as áreas da Psicologia que me ajudaram a ser quem eu era, naquela época. Então, havia avaliação psicológica para porte de arma, *coaching*, psicoterapia infantil e adulto, palestras e treinamento de inteligência emocional. Então, antes de abrir a clínica, eu decidi fazer cursos de empreendedorismo e de inteligência emocional empresarial, que foram o que me trouxeram sabedoria, força, determinação, saber lidar com diversas adversidades, com foco na solução e **SUPERAÇÃO**. Foi quando "arregacei as mangas" e fui desde a arquiteta, despachante, recrutei os profissionais e abri a clínica. E como a vida é uma caixinha de surpresas vieram vários problemas, tive profissionais que me deixaram na mão, eu tinha que fazer o serviço delas, além dos meus atendimentos e administrar a clínica, dar treinamentos e palestras. Por isso, decidi contratar estagiárias de Psicologia e psicólogas recém-formadas para trabalharem comigo, mulheres em que eu via um lindo diamante em seu interior, que precisava somente ser lapidado, pois elas tinham o comprometimento em aprender e buscavam o autoconhecimento. Naquele momento, resolvi pegar vários livros e cursos que eu já tinha feito, elaborei um método e apliquei para trabalhar as crenças, traumas e feridas emocionais delas, deixando-as mais seguras e preparadas em seus atendimentos. Depois, elas aplicaram essas mesmas técnicas em seus clientes, com a minha supervisão e eles também tiveram resultados incríveis.

Logo veio a pandemia, e por mais que eu tenha me esforçado, criando protocolos de segurança– sendo a única clínica em Brasília que aplicava avaliação psicológica com eficiência, eficácia e segura para o cliente e para nós, profissionais– fui engolida pelo financeiro e pela insatisfação de trabalhar com aquilo que detestava. Decidi vender a clínica e começar do zero uma empresa *on-line* em que eu trabalharia somente com aquilo que eu amava, que era a psicoterapia, palestras e treinamentos, e foi quando o mundo *on-line* abriu diversas oportunidades e liberdade geográfica, podendo atender várias pessoas, em diversas partes do mundo.

Foi quando eu conheci a formação de Treinador de Inteligência Emocional do Marcelo Lyouman, que eu pude mergulhar cada vez mais no autoconhecimento, ressignificando o meu passado, limpando ainda algumas camadas de sujeira que estavam cobrindo o meu diamante interior e finalmente descobri a minha **IDENTIDADE** que é auxiliar psicólogas a alcançarem a segurança pessoal e profissional por meio da Inteligência Emocional. Foi quando realmente descobri qual era a minha **ESSÊNCIA**, quais recursos poderosos que eu poderia usar com base na minha jornada, pegar todo o conhecimento e transformar a vida de diversas psicólogas, pois o mundo todo está adoecido com ansiedade e depressão e precisa de profissionais preparados emocionalmente. É de suma importância formarmos um exército de psicólogas empoderadas para realizar atendimentos com excelência. É isso que vai fazer a diferença positiva na vida de cada pessoa que ajudarmos.

Acredito que no nosso interior tem um diamante que precisa ser lapidado para ser alcançado, lapidar nossas dores emocionais, traumas, crenças limitantes que criaram camadas protetoras, que nos impedem de brilhar e de enxergarmos o nosso verdadeiro valor. Por isso, criei esse método que trabalha a ressignificação do passado, o acolhimento da nossa história para podermos ter a liberdade de definir o nosso destino.

Muitas vezes, focamos tanto na dor do outro que acabamos não cuidando da nossa; é como se nunca tivéssemos tempo para cuidar de nós mesmos, quando entramos na faculdade, talvez estivéssemos buscando respostas para as nossas dores e aprendemos a ocupar a nossa mente com trabalhos e provas: uma "fuga". Então, talvez, inconscientemente aprendemos que não somos prioridade, aprendemos que devemos focar somente em adquirir conhecimento científico e guardar as emoções em uma caixinha e não mostrar para ninguém. Aprendemos que não podem nos ver chorando, não devemos sentir raiva, não podemos sentir medo, demonstrar que somos pessoas perfeitas prontas para servir, vivendo, muitas vezes, de aparência, com a máscara do "está tudo bem”. E assim deixamos de ser humanos.

Ao compreendermos o nosso passado, entendemos que toda a nossa interpretação, diante da vida, foi baseada no nosso olhar para nossa criança interior ferida. Quando crescemos, tomamos as decisões com base nesse olhar. Ao nos colocarmos como prioridade em nossa vida, buscando o autoconhecimento, ressignificando assim a nossa história, assumindo a autorresponsabilidade pelas nossas vidas, seguimos com o nosso propósito de vida, e teremos uma maior compreensão e clareza sobre quem realmente somos.

No decorrer da minha jornada, eu tive que trabalhar a minha Inteligência Emocional que tanto salvou a minha vida, quanto também me deu uma clareza do meu propósito de vida. Vivenciei quatro principais pilares que eu aprendi e que mudaram a minha vida e me ajudaram a buscar a minha Essência, que foram:

Amor-Próprio: dar prioridade para mim, colocar-me em 1º lugar na minha vida; eu preciso primeiro cuidar de mim para depois cuidar do outro, primeiro eu preciso acolher as minhas dores, me autoaceitar, me autoperdoar, ter autocompaixão.

Propósito: há uma frase que o Dr. Adalberto Barreto fala que é a seguinte “A carência gera competência.” Muitas vezes, o nosso propósito maior está ligado com a nossa maior dor, a nossa ferida emocional. Exemplo: uma criança que se sentiu discriminada ou injustiçada em sua infância. Essa criança, quando cresce, tem a tendência de querer fazer a diferença positiva na vida de outras pessoas, que passaram pela mesma situação, mesmo que ainda não tenham superado completamente suas dores.

Superação: quando fazemos essa identificação – que muitas vezes não é nada fácil fazer sozinho – é muito importante fazer o processo de ressignificação dessas feridas, tirar os aprendizados, seguir em frente com resiliência, perseverança e com a mente blindada, focando somente na solução.

Identidade: É identificar o que você gosta de fazer. Quem você gosta de ajudar? O que você faz com excelência? O que você tem vontade de fazer? Vá lá e faça, permita-se vivenciar, experimentar... fazer aquilo que te faz feliz... isso fará parte da sua identidade... da sua missão de vida.

Ao alcançarmos a nossa ESSÊNCIA, alcançamos também a nossa AUTENTICIDADE e, quando falamos disso, estamos falando de viver a vida de acordo com o que acreditamos para vivermos a vida com originalidade, sem medo do que os outros vão pensar. Significa você ter liberdade de escolha, liberdade de pensamento, liberdade de sentimento, liberdade de tomar as melhores decisões para sua vida e fazer as escolhas que serão o melhor para você. Tomar as decisões com mais segurança, pelo que realmente acreditamos e não decorrentes de algum padrão de crença limitante ou por insegurança.

Nessa minha jornada, eu aprendi a blindar a minha mente.

Seguem aqui os nove passos que eu fiz para ter conseguido superar todas as minhas dificuldades, no decorrer da minha jornada:

1) **Focar no agora:** Muitas vezes, ficamos muito presos ao passado, às dores, aos traumas da infância e não vivemos o momento presente. Geralmente, as pessoas assim têm uma tendência muito grande de terem depressão, pois ficam remoendo todas essas dores e sofrendo por algo que já passou. Prendem-se ao sentimento de arrependimento, desejando reviver situações do passado. Mas nós não temos o controle disso, a única coisa que podemos fazer é absorver os aprendizados e levá-los para a vida, nos momentos atuais. Também há

aquelas pessoas que ficam com medo de que algo do passado volte a acontecer no futuro, podendo, assim, gerar uma ansiedade, imaginando diversas situações que poderão acontecer de forma negativa. Entenda que nós não temos controle nem do passado e nem do futuro, somente do momento PRESENTE. Então permita-se viver experiências neste momento.

2) **Gratidão - Parar de Reclamar:** Seja de algo ou alguém, inclusive de si mesma. Não ouvir reclamações de outras pessoas. Anote as suas reclamações, rasgue e escreva os motivos de Gratidão. Ser grato pelas coisas boas que acontecem ao seu redor, focar nas coisas que deram certo, no lado positivo de tudo. Muitas vezes, nós focamos naquilo que deu errado, ou na sujeira, ou naquilo que está quebrado, ou na demora, enfim, insistimos em ver o negativo da vida e ainda reclamar por isso. Em vez disso, procure olhar o lado bom de tudo e ser grato por aquilo, muitas vezes acontece algo ruim, mas até o aprendizado que você tira daquilo te ajuda a ser uma pessoa melhor. Mudar também seu olhar em relação às pessoas, nós temos tendência de olhar só o lado negativo delas, mas por que não olhar os pontos positivos, a intenção positiva daquela pessoa. Até com nós mesmos, talvez tenhamos dificuldades de olhar as nossas qualidades e talentos, focamos somente no negativo, naquilo que não é bom ou no que fazemos de errado. Que tal ter mais compaixão conosco mesmos, talvez tenhamos mais compaixão com o outro do que conosco. Às vezes, dizemos palavras tão cruéis com nós mesmos que não temos a coragem de acusar alguém com tais palavras.

3) **Selecionar amigos:** Você sabia que somos a média das cinco pessoas com quem mais convivemos? Se andamos com pessoas pessimistas, com autoestima baixa, que reclamam de tudo, qual será a sua tendência? Nós, inconscientemente, modelamos essas pessoas, mas

quando a gente anda com pessoas que são alto astral, positivas, prósperas, honestas acabamos modelando-as também. E você? Com quem você quer andar?

4) **Autoconhecimento:** Conheça suas qualidades, seus valores e princípios. Aceitar-se, amar-se, valorizar-se e reconhecer todas as suas qualidades. Ao compreendermos a nossa personalidade, por meio do autoconhecimento e da superação, nós teremos uma maior compreensão e clareza sobre o que realmente somos, assumindo a autorresponsabilidade pelas nossas vidas e assim seguimos com o nosso propósito de vida. Lembre-se: seja gentil consigo mesmo.

5) **Liderar a Mente:** Selecione os pensamentos bons e deixe ir embora os pensamentos negativos. Não deixe que os sentimentos/ opiniões /críticas do outro alterem o seu humor, não deixe que estraguem o seu dia. Separe o que é seu e o que é do outro. Muitas vezes, vemos no outro aquilo que vemos em nós mesmos, como se o outro fosse um espelho. Até que ponto você realmente está falando só do outro ou só de você mesmo? Nós nos baseamos na nossa vida para falar do outro, que tem uma outra história, uma outra realidade, uma outra vida. Ao compreender essa separação, passamos a entender que as pessoas são diferentes, cada uma tem princípios e valores diferentes dos seus e está tudo bem. Sabendo disso, você poderá viver a vida de forma mais tranquila, tendo a certeza de suas características, personalidade e valores, e que, por vezes, o outro também está falando de si, e não de você.

6) **Focar na Solução:** Os problemas na vida sempre acontecerão, não há como evitar, mas a questão é: O que você vai fazer com eles? Analisar: se o problema for seu, foque somente na solução e

não nos sentimentos que ele reverbera em você. Entenda que o problema de outra pessoa só passa a ser seu quando:

1º) Ela pedir a sua ajuda.

2º) Você tem a habilidade necessária para ajudá-la, se você não tiver essa habilidade, encaminhe para outra pessoa, saiba dizer NÃO; quando dizemos não ao outro, dizemos SIM às nossas prioridades.

7) **Aprender:** Aprenda com os próprios erros, SEMPRE tire o aprendizado para não repetir novamente aquele erro. E não se martirize, nem se culpa, e nem se envergonhe. Muitas vezes na vida, damos um passo, acreditando que aquele passo foi correto, por mais que no segundo seguinte você tenha visto que cometeu um erro, falou ou fez algo que deu errado. Mas, naquele momento, você realmente achou que era o certo, pelo conhecimento, pelo emocional, então, autoperdoe-se por isso.

8) **Agir - Fazer:** Não espere que os outros tomem as decisões pelo que é o melhor para você. Convide/ delegue tarefas em vez de esperar a iniciativa do outro. Não espere que o outro preencha as suas expectativas: é você com você mesmo. Faça aquilo que te faz bem com sabedoria e está tudo bem se o outro não quiser te acompanhar.

9) **Perseverar:** Persista naquilo que você acredita e sente que é o certo a se fazer. Acredite em si mesmo, não desista de si, acredite que: "Hoje talvez não tenha sido a minha melhor versão, mas amanhã eu posso ser diferente e melhor. "

Lembre-se: "Saiba que são suas decisões, e não suas condições, que determinam o seu destino." ANTHONY ROBBINS.

Sobre Danielle Matsumoto
Master Coaching e Treinadora de Inteligência Emocional, Terapeuta, Mentora

INSTAGRAM: @DANIELLE_VOODAPSI
SITE: WWW.SUPERANDOSI.COM.BR
E-MAIL: SUPERANDOSI.DANIELLE@GMAIL.COM

DOUGLAS FERREIRA MARQUES

Método: Luz, Música, Imersão!

Faça a diferença na sua empresa!

Fui estagiário, auxiliar, assistente, comprador júnior, pleno, sênior, coordenador, gerente e *head* da área de compras em empresas privadas, atuei como pesquisador para uma consultoria francesa, professor em diversas escolas, mentor independente, fiz consultoria e até vendedor eu fui; atualmente, sou produtor de conteúdo, apresentador de programas, palestrante, escritor e empreendedor.

Foram mais de 25 anos de dedicação *full time*, formei mais de mil alunos, palestrei em mais de 100 eventos e 50 empresas, fiz consultoria para mais de 40 empresas, montei mais de 20 áreas de compras, produzi mais de 70 horas de conteúdo áudio visual, mais de 290 programas de *podcasts* e *lives*, escrevi mais de 50 artigos e três livros. Conversei com mais de 250 executivos de compras de 250 empresas para fazer *benchmarking.* Fundei seis *start-ups*, incluindo o Café com Comprador, com presença global e atual maior ecossistema do mundo para profissionais de compras.

Tenho três filhos e plantei uma árvore. E então decidi criar um método de compras corporativa.

Após essa longa jornada, com base em todas as experiências que tive na carreira, eu decidi passar para as pessoas tudo o que eu aprendi, porém de forma organizada, simples e eficiente, para que todos consigam implementar na sua empresa.

Criei o método: Luz, Música, Imersão!

Esse método foi construído buscando elementos que auxiliam a identificação dos problemas corporativos, criação de planos de ação eficientes e implementação ágil.

O método é dividido em três partes:

- Luz
- Música
- Imersão

Luz é uma forma de energia que se propaga através de diversos meios, e pode sofrer alterações na sua velocidade ou intensidade, dependendo dos obstáculos.

Então, a etapa **Luz** do método é inspirada nessa onda eletromagnética que permite que objetivos sejam visíveis.

Trazendo isso para o mundo corporativo, batizamos de etapa Luz as ações de avaliação do cenário atual, das oportunidades, dos problemas, necessidades e tudo que envolve o diagnóstico do cenário atual.

Então, para que seja uma etapa de método, criei um *checklist* passo a passo, que vou compartilhar com todos.

Etapa 1 - LUZ

1.1 Coleta de dados - O processo começa com a coleta de dados, que envolve a obtenção de informações relevantes sobre o negócio, sobre a área de compras ou processo que está sendo analisado. Isso pode incluir entrevistas com funcionários, revisão de documentos e observação direta do processo.

1.2 Análise dos dados - Depois de coletar os dados, é importante analisá-los para identificar padrões, tendências e oportunidades de melhoria. Isso pode incluir o uso de ferramentas de análise de dados para identificar áreas problemáticas ou ineficiências. Além disso, com base na entrevista inicial da etapa 1.1, será capaz de focar onde já foi sinalizado.

1.3 Mapeamento de processos - Uma vez que os dados foram analisados, o próximo passo é mapear o processo existente, documentando todos os passos envolvidos na realização de uma tarefa ou atividade específica. Isso pode ser feito usando fluxogramas, diagramas de processo ou outras ferramentas de visualização.

1.4 Identificação de problemas - Com o processo mapeado, é possível identificar problemas ou ineficiências que possam estar afetando o desempenho. Isso pode incluir gargalos, tempo de espera, erros ou redundâncias no processo. Neste momento, a experiência do consultor / professor será mega fundamental para elencar as prioridades x desejos da empresa.

1.5 Recomendações - Com base na análise dos dados e na identificação de problemas, o consultor pode fazer recomendações para melhorar o processo existente. Isso pode incluir a adoção de novas tecnologias, reorganização de tarefas ou a implementação de novos procedimentos para melhorar a eficiência e a qualidade do processo. E é a partir desse momento que vamos validar com o cliente, no caso a área ou empresa a ser transformada, para garantir que o novo modelo (próxima etapa), seja assertivo.

A etapa seguinte batizamos de **Música.**

Porque a música auxilia no processo cognitivo e emocional e, após comprovação através de vários estudos, facilita o aprendizado. A música atua diretamente no processo cognitivo, que é responsável pela percepção, atenção, memória, pensamento e linguagem.

O evento Luz, Música, Imersão que acontece uma vez por ano, realizado pelo Café com Comprador, conta até com um DJ profissional para esta segunda etapa do método. O DJ cria uma trilha de músicas, baseadas nos temas que estão sendo discutidos e, dessa forma, o participante mergulha no aprendizado.

Etapa 2 - MÚSICA

2.1 Definição de objetivos - A primeira etapa do processo é definir os objetivos da mudança, transformação ou melhoria. Partimos então da última etapa do LUZ, a etapa 1.5, obrigatoriamente validada pela área ou empresa contratante.

Daí em diante, podemos incluir e definir metas específicas para melhorar a eficiência, reduzir custos ou aumentar a qualidade do processo. Em alguns casos, envolve a mudança de pessoas, ferramentas e até modelo de gestão.

2.2 Mapeamento do processo - Depois que os objetivos do projeto foram definidos, o próximo passo é detalhar o novo modelo, que descreve como o processo deve ser, após a implementação das mudanças recomendadas. Isso pode incluir a criação de um novo fluxograma ou diagrama de processo que descreve as etapas específicas do processo melhorado.

O subconsciente vai tendo contato com isso tudo, e a cada processo de música x aprendizado = resultado positivo, vai acontecendo um fenômeno chamado reprogramação. Uma mente reprogramada garante sucesso nas realizações de tarefas, independentemente do momento e situação que o indivíduo esteja contido.

2.3 Identificação de soluções - Com o novo modelo mapeado, o próximo passo é identificar as soluções que serão implementadas para atingir os objetivos do projeto. Isso pode incluir a adoção de novas tecnologias, a reorganização de tarefas ou a implementação de novos procedimentos. Nesta fase, envolvemos as áreas parceiras. Por exemplo, se for acontecer uma nova solução tecnológica, envolvemos a área de tecnologia da empresa para que as especificações da nova solução sejam compatíveis com a infraestrutura e *budget* da empresa; e por envolver *budget* é importante acionar o financeiro e assim por diante. Porém, a grande vantagem do método LUZ, MÚSICA, IMERSÃO é buscar novos modelos, sem que haja dispêndio de dinheiro.

2.4 Desenvolvimento de um plano de implementação - Depois que as soluções foram identificadas, é importante desenvolver um plano de implementação que descreva como as mudanças serão feitas. Isso pode incluir a definição de um cronograma de implementação, a alocação de recursos e a identificação de possíveis obstáculos, responsáveis, aprovadores e *sponsors*. Mas conforme dito antes, este método foi criado para que seja executado muitas vezes na alçada do *staff*.

2.5 Implementação e monitoramento - A última etapa do processo é a implementação das mudanças recomendadas e o monitoramento contínuo do processo para garantir que os objetivos do projeto sejam alcançados. Isso pode incluir a realização de treinamentos, a criação de novos procedimentos ou a instalação de novas tecnologias. É importante monitorar o processo para garantir que as mudanças implementadas estejam produzindo os resultados esperados. Então, neste momento, começa o desenho da última etapa, a IMERSÃO!

Como mencionado nos primeiros parágrafos deste capítulo, este método foi criado com base em muitas experiências e vivências anteriores, e ele já foi testado e comprovado na prática! O Café com Comprador, empresa liderada por mim, realizou vários eventos e treinamentos, formando mais de 300 profissionais até 2022 e, a partir da publicação deste livro, em 2023, continuará impactando centenas de profissionais que querem transformar sua área de compras em uma área com pensamento estratégico, independentemente da posição hierárquica, e sem a necessidade de investir em consultorias.

LUZ, MÚSICA, IMERSÃO tem contribuído para centenas de pessoas que estão criando uma área nova, reestruturando uma área, um setor, ou até mesmo processos, pessoas, tecnologias etc.

Etapa 3 - IMERSÃO

As três principais etapas para imergir na mudança ou melhoria, são:

3.1 Preparação para a mudança - A primeira etapa envolve preparar a equipe e a organização para a mudança. Isso pode incluir a identificação dos motivadores da mudança, a definição dos objetivos, a comunicação clara sobre a necessidade da mudança e a obtenção do apoio dos *stakeholders*. O envolvimento de clientes internos parceiros é fator definitivo de sucesso ou fracasso; lembre-se que o projeto é da empresa.

3.2 Implementação da mudança - A segunda etapa envolve a implementação da mudança. Isso pode incluir o planejamento detalhado da mudança, a definição dos papéis e responsabilidades, a criação de um plano de comunicação eficaz, o treinamento da equipe e a realização de testes e simulações. Aqui vale de tudo, *PMO, Kanban, Agile*, ou mesmo um simples e eficiente Excel com *owner x job* x data de entrega x status e, principalmente, reuniões periódicas de atualização e planos de ação.

3.3 Monitoramento e sustentação da mudança - A terceira etapa envolve o monitoramento e a sustentação da mudança para garantir que ela seja eficaz e sustentável. Isso pode incluir a medição dos resultados da mudança (através de *KPIs*), a identificação de possíveis problemas e a implementação de soluções, o ajuste contínuo do plano de implementação e a comunicação clara sobre os resultados alcançados.

Cada uma dessas etapas requer um conjunto específico de habilidades e competências de *Change Management*, incluindo liderança, comunicação, negociação, resolução de problemas e gerenciamento de projetos.

Fator de sucesso aqui é andar junto, comunicar junto, tratar rapidamente os desvios (sempre com clareza e transparência), se possível com o *stakeholder*, e celebrar cada avanço e conquista... esse engajamento de celebração de vitórias cria uma espécie de sensação de recompensa, mais uma técnica que vai adentrar no subconsciente e contribuir com as próximas ondas.

Dito antes e novamente aqui, LUZ, MÚSICA, IMERSÃO tem uma grande vantagem, que é a execução independente.

Claro que um projeto de larga escala, de profundo envolvimento e de grande proporção, muitas vezes, é compartilhado com diversas pessoas e até mesmo departamentos, mas este método pode ser facilmente executado e concluído sem a necessidade de investimentos em consultorias nem tecnologias, você mesmo pode fazer! Você compradora e comprador pode colocar em prática o LUZ, MÚSICA, IMERSÃO.

Porém, existem alguns *soft skills* que são fundamentais e até mesmo obrigatórios para que a implementação do método seja eficiente. Então, abaixo, listamos os principais *soft skills* necessários e recomendados para a posição de agente de mudança.

Habilidades

1. Habilidade de comunicação - É importante que o profissional seja capaz de se comunicar de forma clara e concisa com todos os envolvidos para entender suas necessidades e explicar os resultados da análise. Além disso, o agente da mudança precisará se

comunicar e engajar aprovadores, decisores, pessoas resistentes e, dessa forma, criar união e grupo coeso em prol do novo modelo.

2. Habilidade de análise crítica - Para identificar problemas e oportunidades de melhoria, o profissional precisa ser capaz de analisar os dados de forma crítica e identificar padrões e tendências. Precisa também ser capaz de criar processos com alçadas e um bom controle, dessa forma conduzirá em formato de projeto as análises críticas, decisões, responsáveis, prazos, importância, status entre outros.

3. Habilidade de resolução de problemas - É importante que o profissional seja capaz de pensar de forma criativa para encontrar soluções para os problemas identificados durante a análise, além disso interagir com *stakeholders* que possam ajudar as resoluções de problemas de forma ágil e eficiente.

4. Habilidade de gerenciamento de projetos - Para garantir que a análise seja concluída dentro do prazo e do orçamento, o profissional deve ter habilidades de gerenciamento de projetos para planejar, executar e monitorar o processo de análise.

5. Habilidade de liderança - Como a implementação das mudanças envolve trabalhar com uma equipe de pessoas, é importante que o profissional tenha habilidades de liderança para motivar e inspirar a equipe durante o processo. Um bom líder faz com que a equipe trabalhe unida e de forma eficiente, mitiga riscos, resolve problemas, motiva e inspira a mudança, e entrega resultados.

Exercitando o método LUZ, MÚSICA, IMERSÃO! Escolhemos aqui um tema para resolver:

"Uma área de compras não está conseguindo atender o volume de demandas"

Então, vamos para a primeira etapa do método:

Etapa 1 - LUZ

Vou listar as ações:

- Entreviste os principais *stakeholders* para entender a percepção deles;
- Entreviste os compradores para entender o ponto de vista deles;
- Desenhe o processo atual de recebimento de demandas e suas tratativas;
- Mostre esse desenho para algumas pessoas chaves (principais clientes internos, compradores de outras empresas, líderes de algumas áreas-chaves), e peça a opinião para melhorias;
- Liste os principais pontos de melhorias com base nas entrevistas e pesquisas;
- Liste os principais problemas e tudo o que está relacionado a eles como processos, ferramentas, tecnologias etc.;
- Faça um resumo executivo (que pode ser um documento *one page*, uma planilha de Excel, um relatório ou mesmo um documento em word bem escrito), contendo as etapas realizadas até então, como entrevistas, pesquisas, *benchmarking*, checagens, principais problemas / ofensores, processos, tecnologias, pessoas e etc. que estão envolvidas com esses itens e uma breve recomendação do que será feito para mudar / melhorar:
- Mostre aos líderes tomadores de decisão, peça opinião, informe que será feita a mudança / melhoria e pedir apoio / engajamento.
- Na maioria das vezes, você terá o que precisa!
- O método foi feito para não depender de terceiros, nem de investimento, mas caso haja essa situação, é nessa etapa que se buscam os recursos necessários.

Etapa 2 - MÚSICA

- Considerando que a etapa LUZ foi feita com sucesso, e que você já teve o engajamento necessário, ou minimamente um de acordo para trabalhar no novo modelo, aqui começamos a desenhar objetivos e metas. Então, nesse exemplo citado: "Uma área de compras não está conseguindo atender o volume de demandas", vamos listar alguns pontos que se aplicam, como por exemplo, uma necessidade de automatizar a área e/ou necessidade de criar processos diferentes para categorias diferentes. (Suponhamos que a etapa LUZ indique para isso, para que possamos seguir com este exemplo).

- Aqui a etapa MÚSICA é que se monta o plano detalhado da mudança, então vamos por partes, para a primeira ideia, que é automatizar a área, podemos listar algumas ações como: selecionar tecnologias desejadas, fazer *benchmarking* com outras empresas, acionar ecossistemas (como o Café com Comprador) para ter referências das soluções, solicitar demo já do *shortlist*, pedir propostas comerciais com diversas opções e formas de remuneração e pagamento (e é aqui que começa a negociação ganha-ganha, pois existem diversas formas de obter uma tecnologia sem ter que investir dinheiro; existem outras várias formas possíveis de efetivar negócios. Exercitando a segunda ideia: segmentar processos diferentes para categorias diferentes, o ideal é fazer uma matriz *Kraljic* (não necessariamente contratando uma consultoria), pode-se, por exemplo, fazer por conta própria, dessa forma será possível ter uma matriz estratégica apontando formas diferentes de lidar com cada categoria, e é exatamente nesse ponto que conseguimos apontar possibilidades de reduzir excesso de demanda. Uma situação clara é criar faixas estratégicas para demandas, neste caso demandas estratégicas e de gargalo (quadrantes da matriz *Kraljic*) devem permanecer sendo conduzidas pela área de compras e demandas de alavancagem e em piloto automático podem, por exemplo, ser alocadas em plataformas eletrônicas e/ou delegadas a clientes internos, assim resolvendo o problema principal de excesso de demanda em Compras.

• Ainda na etapa MÚSICA, é nesta fase que vamos pegar as duas ideias acima e colocar em cronograma de implantação, considerando as atividades necessárias para implementação x responsáveis x prazo x pessoas envolvidas. Deve-se escolher aqui qual ferramenta ou metodologia será usada para controle, *PMO, Kanban, Excel,* etc.... e os "padrinhos": pessoas que vão ajudar na evolução do plano.

• Pontos importantes nesta fase é dimensionar um tempo adequado para a resolução do tema, uma faixa de alçadas que esteja no nível do executor (para que não tenhamos problemas nas aprovações e trava de andamento), ações possíveis de se fazer dentro de casa (para que não haja problemas de *freezing* relacionados a investimentos), e mais uma vez, um *check* na lista de pessoas envolvidas, para garantia de execução ágil.

• Tudo OK até aqui, é hora de pensar em um plano de governança e medições, e mergulhar na fase de implementação.

Etapa 3 - IMERSÃO

• Neste primeiro momento, cria-se o modelo de governança, que consiste em uma régua de periodicidade de reuniões, com pessoas chaves dentro do projeto x datas recorrentes x temas definidos por reunião x metas x planos de ajuste.

• Criado esse controle de governança, que é a garantia da gestão do projeto, com envolvimento das pessoas adequadas, conforme temas e alçadas, partimos então para o plano de comunicação, que será responsável por informar todos os envolvidos e demais áreas da empresa, sobre o objetivo da mudança, fases da mudança, ações e regras. O plano de comunicação vai garantir que a empresa inteira se engaje no projeto e esse efeito é a garantia do sucesso, então se faz necessário criar textos, artes, vídeos etc.... Bem criativos, com a linguagem certa, conforme a cultura da empresa, com elementos estratégicos nas mensagens e, principalmente, mostrando os benefícios e resultados.

- Uma estratégia inteligente é fatiar as comunicações e dosar em pequenas ações, assim poderão haver pequenas comemorações de etapas concluídas e tratativas de etapas atrasadas, sem prejudicar o resultado final. Essa estratégia engaja demais, pois envolve a participação, com pequenas comemorações (que podem ser comunicados, certificados e até mesmo prêmios), para os envolvidos, afinal, quem não gosta de ser elogiado em ambientes corporativos? E ele se aplica a tratativas de correções de percursos, caso seja necessário, neste caso pode tratar o problema de forma rápida, objetiva, eficiente, e voltar ao plano, rapidamente, evitando a descoberta mais tarde, quando já não há como resolver.
- Cada avanço entra para o controle do projeto, pode-se então criar um *Book* de Resultados, consolidando todos os avanços e conquistas das mudanças, em etapas, fases, até que seja completada 100%.

Com a aplicação desse método, você poderá em poucos dias, dependendo apenas de você, sem investimento nenhum, fazer a diferença na sua área, na sua empresa e, por consequência natural dessas ações, você poderá ser reconhecido com aumentos de salários ou promoções.

Cuide da sua postura dentro da empresa, faça relacionamentos profissionais, engaje seus clientes internos iniciando com um bom atendimento, seja cortês e ágil com demandas, fique no seu *job description*, mas esteja aberto para outros desafios e até mesmo para ajudar seus companheiros, trabalhe em equipe, lidere por ações e gestos, sempre esteja um nível acima do que te foi solicitado, entregue com carinho tudo que precisa ser entregue, chegue minutos antes nos compromissos, seja educado e olhe nos olhos das pessoas, coloque amor no seu dia a dia, e use o método LUZ, MÚSICA, IMERSÃO.

Obrigado pelo seu tempo dedicado à leitura desse método, espero que eu tenha ajudado de alguma forma, desejo muito sucesso na sua vida pessoal e profissional. Gratidão por seguirem meu perfil nas redes sociais e da minha empresa Café com Comprador.

Estou aqui por vocês e para vocês, contem comigo sempre!

DOUGLAS MARQUES FERREIRA

INSTAGRAM: @DOUGLAS.MARQUES.FERREIRA

FLÁVIO SANCHES

Sonhe grande

Quem nunca teve uma história desafiadora para contar? Talvez desafios com seus pais, talvez um desafio na sua infância, na sua adolescência, ou até mesmo na sua fase adulta. Eu me lembro de ser uma criança normal, tímida, mas que tinha meus próprios sonhos e não conseguia me expressar como gostaria.

Vim de uma família simples, de pai e mãe que deram muito mais do que receberam, durante a sua jornada. Minha mãe começou a criação de seus filhos muito nova. Com 13 anos já teve a sua primeira filha, com 15, a segunda, eu com 16 anos. Meu pai sempre trabalhou com vendas, mas nunca gostou do trabalho.

Às vezes tínhamos dinheiro, e às vezes faltava. Dentro de casa, gestão financeira nunca aconteceu. Nunca falávamos sobre dinheiro, sobre emoções, sobre como nos sentíamos durante o dia. Talvez, você esteja até se identificando com algum desses fatos, pois isso é cada vez mais normal no Brasil.

Sempre fui mediano na escola: não era o melhor, mas também nunca fui dos piores. Passava de ano com dificuldades, raspando. O importante era chegar ao final. Não consegui uma vaga na Faculdade de Educação Física, que era o meu sonho, na época de 2003. Em 2004, fui prestar o serviço militar obrigatório. Fui aprovado no NPOR, que é o núcleo de preparação de oficiais da Reserva, onde ficaria meio período e estaria estudando como aluno. Os primeiros na turma seriam aprovados como oficiais do Exército e os primeiros colocados poderiam concorrer a uma vaga de Tenente, que na época tinha um salário muito acima da média.

Era apenas fazer a minha parte, dedicar-me aos estudos, recebia para isso e já sabia que, se caso não fosse bem, eu não seria convocado para ser oficial. Mais uma vez eu sempre estive na média, não soube aproveitar as oportunidades que existiam na época, e acabei ficando em oitavo lugar dentre 20 alunos. Naquele ano, não surgiram vagas suficientes e não fui chamado para me tornar Oficial da Ativa.

Ao sair do exército, iniciei minha jornada de trabalho: trabalhava com portão eletrônico, cerca elétrica, plantação de maracujá. Eu fazia de tudo o que aparecia para não ficar mais sem dinheiro. Esse foi o começo da minha jornada. Em 2006, uma oportunidade de retornar ao Exército, como oficial, no Batalhão da Guarda Presidencial em Brasília, surgiu. Passei oito anos por lá, mas com nenhuma gestão financeira. Sem saber guardar meu dinheiro ou investir de uma maneira inteligente, ao final desses oito anos o acerto que eu peguei foi o suficiente apenas para quitar algumas dívidas e eu poderia investir em um negócio.

Porém, a vida de empresário é totalmente diferente do que é ensinado dentro de uma faculdade. No período do Exército fiz faculdade de administração de empresas, mas nunca aprendi verdadeiramente como gerenciar uma empresa.

Abri um Pet Shop e investi em gado de corte. Ambos, por não saber como administrar e não conhecer muito bem o mercado, trouxeram à tona inseguranças, tristezas, mágoas, falta de habilidades e de resultados.

O mercado de trabalho, o mercado profissional, não aceita resultados ruins. Com esses resultados financeiros ruins, tive vários momentos de depressão, de ansiedade e de mágoas. O dinheiro, naquele momento, tinha muito poder sobre mim: se eu tivesse dinheiro, eu estava em paz, se eu não tivesse dinheiro, eu estava em pânico.

Na maior parte do tempo, eu estava sem dinheiro. A consequência foi viver estados emocionais de tristeza, ansiedade e depressão. Lembro-me bem, quando eu levava os cachorrinhos para casa dos clientes, eu passava na frente de um velório muito famoso na cidade de Uberlândia – foi aonde fui criado e, após o tempo de Exército, eu retornei à cidade – e toda vez que existia uma pessoa sendo velada lá, o meu pensamento era: "É uma pessoa feliz, pois não sofre mais."

Já pensou em um nível comportamental, em que nós podemos ser conduzidos por pensamentos, atitudes e ações, apenas pela relação que nós temos com dinheiro?

E quando eu conto essa história, parece que as coisas estavam ruins, péssimas, mas, na verdade, eu tinha uma pessoa maravilhosa ao meu lado: a minha esposa, Marcella Ortiga. Já tinha meu primeiro filho, Bernardo, todos estávamos bem, porém, por dentro, não estava nada como eu imaginava que seria minha vida.

A grande pergunta é: como podemos pedir ajuda em uma situação que, talvez, nem tenhamos percepção de que ela exista? Parece uma situação normal, parece uma situação que sempre foi assim e sempre será desta mesma forma. Fui criado de uma forma que: "homem não chora, homem não pede ajuda, homem é um homem e não existe espaço para fraqueza." Quais as consequências de uma mentalidade formatada nessa direção?

Como as coisas não iam bem na minha vida, acabei me mudando para João Pessoa, na Paraíba. Lá realizava o processo de vendas, pois era a única opção que existia para poder fazer algum dinheiro. Eu não gostaria de trabalhar para ninguém com a carteira assinada. Dentro desse segmento de vendas, foi onde conheci o primeiro grande mentor nessa minha jornada: Rodrigo Cardoso, proprietário da Ultrapassando Limites e que fazia vários treinamentos presenciais: ensinava as pessoas a venderem, a alcançarem suas maiores competências e alcançarem seus sonhos. Tudo parecia muito distante, pois sonhar causava mais sofrimento do que motivação. Lembro-me quando fui ao meu primeiro evento presencial da Ultrapassando Limites, com duas mil e quinhentas pessoas. Esse foi o primeiro contato que eu tive com as minhas maiores riquezas interiores: a riqueza dos sentimentos, a riqueza da abundância financeira, a riqueza da saúde mental, a riqueza da felicidade!

Ao descobrir que eu era o responsável pelos meus próprios resultados não existia mais como colocar a responsabilidade em outras pessoas. Eu era a causa e eu era consequência desse sofrimento.

Me lembro nitidamente quando Rodrigo disse esta frase em um treinamento, no palco: "Suas crenças direcionam o seu resultado" e isso foi como um soco no meu estômago. Como identificar as crenças que são invisíveis, silenciosas?

A grande resposta era desbloquear essas crenças e trazer força a todas as suas habilidades anteriores para que elas ultrapassassem os limites inconscientes, que foram colocados na sua história.

E para alcançar esses limites não era mais possível fazer o que eu tinha feito. O que tinha me levado até ali, com certeza, não me levaria até o próximo nível. Seriam necessárias novas habilidades, que deveriam ser construídas seguindo pessoas que tinham alcançado os resultados que eu gostaria de ter em minha vida.

O primeiro passo para essa nova versão da minha história foi decidir viver, e fazer por outras pessoas aquilo que eu senti que estava acontecendo comigo, naquele evento. Ninguém merecia viver uma vida medíocre e pobre financeiramente, espiritualmente e na parte pessoal. Ali foi a decisão fundamental para uma mudança de uma história em que nunca mais iria aceitar ser colocado em uma posição que não caberia ser colocado, ou dentro de um resultado muito abaixo do que eu esperava. Naquele evento, decidi me tornar treinador. Transformar a vida das pessoas. Eu não sabia como eu iria realizar tudo aquilo que eu queria fazer. Essa foi outra sacada que mudou minha vida. Não merecemos viver na prisão do "como". O "como" sempre nos trava, sempre nos prende, limita o nosso campo de visão. Tenha clareza aonde você vai chegar com metas específicas de resultado e o "como" surgirá durante o caminho.

A partir daquele evento, decidi fazer um investimento de R$ 18 mil em um curso de formação de treinadores de alto impacto: o *Power Trainer.* Mesmo não tendo um real na carteira para o próximo passo, eu tinha dentro de mim a certeza de que eu faria o possível e o impossível para alcançar esses resultados.

A diferença entre sonhar grande e sonhar pequeno é apenas a pergunta correta para alcançar o bom resultado, porém, sonhar pequeno tem um grande problema: isso pode se realizar, ou seja, se você sonha pequeno, aceita pequenos resultados, essa é a sua verdade que prosseguirá com você durante muito tempo.

Saindo desse evento, percebi que tudo o que eu precisava estava dentro de mim e sempre esteve, mas eu nunca soube usar as ferramentas que foram um presente de Deus e da vida para que eu pudesse alcançar os melhores resultados possíveis dentro dessa jornada. Eu comecei a não dar mais desculpas para fazer o que tinha que ser feito. Comecei a visitar várias e várias pessoas com um propósito muito maior do que eu: transformar a vida das pessoas, assim como a minha foi transformada. Era esse o meu grande Norte, era o que me fazia acordar cedo e chegar tarde todos os dias. Você pode estar se perguntando: "Flávio, mas como você conseguiu fazer esse investimento de R$ 18 mil se você não tinha nem mesmo um real? " Lembra quando eu falei que fui Oficial do Exército? Daquela época, havia sobrado um talão de cheques com dez folhas de uma conta que já não existia mais, mas era uma conta das mais *tops* que existiam no banco e quando eu tomei a decisão de fazer o treinamento e perguntei se poderia ser feito o pagamento em cheque, a empresa me disse que sim, mas que eu deveria pagar por pelo menos quatro folhas de cheque, antes do treinamento. Assim foi a minha jornada: dez folhas de cheque de R$ 1800, de uma conta que não existia. O que existia era muita vontade, e é por isso que eu digo que não é necessário dinheiro para fazer dinheiro, é necessária a mudança de atitude e de comportamento para essa transformação. Se tudo fosse resolvido com dinheiro, apenas pegar dinheiro emprestado do banco traria soluções. Porém, se isso acontecer, você vai ficar mais endividado do que antes, pois você não tem a mentalidade da riqueza, que é o que realmente irá mudar o seu jogo.

Após essa formação, que concluí com o máximo que eu poderia de resultados, iniciei minha jornada de treinador fazendo palestras e treinamentos, em todas as empresas que desejavam. Não me preocupava muito com o cachê naquele primeiro momento, o mais importante era estar vivendo a minha missão, e levando essa mensagem para o máximo possível de pessoas. Os primeiros treinamentos eu cobrava R$ 500, mas logo em seguida consegui fechar um treinamento pelo valor de R$ 7000 mil, isso no ano de 2018. Lembro-me de todas as vidas que foram transformadas em uma concessionária de carros. As vendas aumentaram naquela concessionária, as pessoas me procuravam e falavam o quanto suas vidas tinham sido transformadas. Eu usei todas as ferramentas que eu tinha até elas chegarem ao nível que elas poderiam chegar e transformarem mais profundamente a vida das outras pessoas. Comecei a ganhar dinheiro, comecei a me posicionar e comecei a transformar cada vez mais pessoas e empresas. Continuei, então, fazendo investimentos em cursos e treinamentos de programação neurolinguística, *master* em programação linguística, hipnoterapias, e realizei ainda pós-graduação em Psicologia positiva. Estou fazendo um mestrado em Neurociência. Entendi que o grande processo de transformação acontece no momento de decisão, porém, decisão sem ação é apenas um sofrimento.

Hoje sou empresário, treinador de desenvolvimento pessoal, palestrante corporativo em vendas, e mentor de negócios. Ainda sou aquele mesmo Flávio, com seus princípios e valores, com as mesmas essências e acredito em muitas coisas que ainda acreditava naquela época, mas hoje, tenho uma visão e uma mentalidade totalmente diferentes, criei uma metodologia e um treinamento voltados para como desvendar a riqueza do subconsciente, baseando-se em três pilares que todos nós estamos sempre buscando satisfazer. O primeiro pilar é o financeiro, a grande questão é como você se relaciona com o seu dinheiro, se você tem a mentalidade da riqueza, da abundância, da prosperidade, de que forma você se conecta com o dinheiro, você se considera uma pessoa rica, não pela quantidade de dinheiro que você tem, mas pela forma como você reage em tê-lo. O segundo pilar é o pilar pessoal: seu corpo, sua saúde, sua família, os seus relacionamentos. Será que hoje você tem orgulho de como é o seu comportamento com a sua família, com seus amigos, com as pessoas que você ama? Quando você se olha no espelho, qual a imagem que você tem de você mesmo, com excesso de gordura com sobrepeso, um olhar profundo e desgastado? Será que você se sente uma pessoa bonita, será que você reconhece quais são as suas riquezas pessoais, ou está apenas vivendo o jogo do dinheiro? E a base dessas pirâmides é a espiritualidade, o nível mais profundo de conexão. Todos nós temos esse nível em nossa vida. Todas as pessoas estão preparadas para alcançarem esse nível. Elas, de forma inconsciente, fazem a sua estrutura nesse nível espiritual que é o grande significado e que não está relacionado com fé ou com religião, mas está relacionado com algo a mais do seu dia a dia.

Essa Tríade da Riqueza está sempre em desequilíbrio. Não existe o equilíbrio na natureza: ou você está crescendo ou você está morrendo. A estabilidade não existe. Sendo assim, a grande questão é que ou você define qual lado da vida estará pesando mais, com maior atenção, nesse momento, ou a vida vai definir por você. A grande questão é que se você não definir, você ainda será apenas uma vítima das escolhas da vida. É como se você pudesse pensar no dia 31 de dezembro de 2027. Você vai chegar lá de qualquer maneira. A grande questão é como você vai chegar lá. Ou você define como você gostaria de chegar, ou será apenas uma roleta aonde você pode cair em qualquer quadradinho e você vai apenas aceitar os resultados que acontecerão.

Eu gosto de usar a metáfora do abacaxi.

A vida é um grande abacaxi, em que a sua coroa tem aproximadamente dez metros de altura e a vida te faz a seguinte pergunta: Você quer consumir esse abacaxi no seu tempo e descascar, fazer suco, comer a fruta, usar a polpa, ou no momento em que eu decidir, você vai ter que abrir a sua boca e esse abacaxi vai ser enfiado garganta abaixo, começando pela coroa? Nesse momento você não tem escolhas e a pergunta é: Você quer escolher ou quer que a vida escolha por você?

O maior ensinamento que eu tive, ao longo de toda essa jornada que me trouxe até aqui, é que hoje eu tenho paz para poder dormir, paz para poder acordar e viver a vida aproveitando ao máximo, todos os momentos dos meus dias; foi entender que o passado não diz quem eu sou, ele apenas é uma lembrança, uma fotografia de como as minhas crenças me conduziram até aqui. O meu passado não me define, o meu passado não diz quem eu sou, o futuro não me pertence, ele não existe, ele não está trilhado, nem desenhado. Ele será apenas um reflexo de como você vive hoje o seu momento presente. Esse é o grande presente que você tem para poder fazer com ele o que você quiser.

Qual será o passado, que daqui a três anos, quando você olhar para trás, na data de hoje, sentirá orgulho? Sobre quais decisões que tomou você estará orgulhoso?

Talvez, o seu passado tenha fatos muito difíceis e desafiadores, que até hoje causam mágoas e sofrimentos. Esse passado nunca será mudado, mas você pode mudar a forma como esse passado ecoa no seu presente, mudando a forma como ele representa a sua história. Se eu pudesse voltar no tempo, eu não mudaria nem mesmo uma vírgula, nem mesmo uma decisão, pois naquele momento eu tomei as melhores decisões que eu poderia, com as ferramentas que eu tinha naquela época.

Entender que eu sou o responsável pela minha história, eu sou causa, não sou consequência, me trouxe poder, me trouxe riquezas que nenhum dinheiro pode levar ou trazer. Agradeço de coração ao meu pai José Eduardo, à minha mãe Lilian Beatriz, às minhas irmãs Talyta Marielle, Fernanda Cristine e Jéssica Lilian, que foram tão fundamentais na minha primeira fase de minha vida. Quero agradecer à minha esposa e amiga, parceira Marcella Ortiga, que é a grande base de tudo o que eu faço. Companheira das minhas loucuras e que, muitas vezes, confiou mais em mim do que eu mesmo. Aos meus filhos Bernardo e Miguel, que são os meus grandes motivos de acordar todos os dias e fazer aquilo que eu faço, da maneira como eu faço. Ao meu amigo Rodrigo Cardoso, que me mostrou o caminho, que abriu a porta e que me trouxe a esse mundo de uma maneira com muita magia e, por último, quero parabenizar e agradecer do fundo do meu coração e mostrar toda gratidão a Ele, que foi responsável por tudo o que aconteceu a mim, que passou cada um dos momentos comigo, que sofreu cada um dos momentos, que foi responsável por cada uma das minhas vitórias, pois sem Ele nada disso seria possível: o grande criador do mundo, Deus! O nosso Pai Eterno proporcionou e continua proporcionando tudo aquilo que eu preciso. Ele me deu o livre arbítrio para seguir a minha jornada e isso é mais do que suficiente para alcançar todo o sucesso que eu construo, e tudo o que eu ainda alcançarei.

Nunca mais usei a frase: “Se Deus quiser”, porque Ele sempre quer, Ele sempre quer a nossa felicidade, o nosso amor, a nossa compaixão, o restante é com a gente. Seja você o autor da sua própria história. Alcance o maior nível de riqueza, talvez inimaginável financeiramente, pessoalmente e espiritualmente.

Após a minha decisão, já atendi individualmente, em processos de mentoria e *coaching*, mais de mil pessoas, já falei para mais de 50 mil pessoas em palestras e treinamentos e vivo a minha missão, que é dar a mão a todas as pessoas que querem transformar as suas próprias vidas, eu apenas mostro o caminho e essas pessoas seguem com suas próprias pernas.

E lembre-se que você é aquilo que você acredita, não aceite menos do que o máximo que a vida tem para lhe oferecer. Todos nós somos os favoritos do Universo e de Deus, e tenho certeza de que Ele deseja que tenhamos o máximo possível de Sabedoria e de felicidade.

Para você, que deseja potencializar e aumentar ainda mais os seus resultados, siga-me nas redes sociais.

@FLAVIOSANCHESBR NO INSTAGRAM
NO YOUTUBE FACEBOOK E TIK TOK.

JORGE YOSHIKI UTIAMA

Autoconhecer-se para depois transbordar

O mundo atualmente está passando por grandes transformações e, consequentemente, está exigindo de cada um de nós, mais e mais, algo que nos fortaleça e reafirme a nossa condição de indivíduos únicos, protagonistas e agentes deste novo tempo: o autoconhecimento.

A jornada do autoconhecimento nos permite identificar e reconhecer nossos pontos fortes e limitações, valores e crenças, que são os fios condutores de nossas emoções e comportamentos, permitindo que façamos escolhas mais conscientes, alinhando nossas ações com nossos objetivos e propósitos de vida.

Mas o autoconhecimento exige também que assumamos a responsabilidade pelo impacto que nossas escolhas causam no mundo ao nosso redor. E isto talvez seja o maior bloqueio para que a grande maioria de nós evite, de forma inconsciente, trilhar o caminho do autoconhecimento, pois isso exige que seja feito todo um esforço, por vezes hercúleo, a fim de que a luz impere sobre todo um espaço interior que já estava acostumado com a escuridão e com a passividade, diante da vida. Afinal, para a nossa mente, na sua condição de nos preservar, é melhor que toda a nossa construção neural estabelecida seja mantida intacta, no sentido de repetir os padrões de comportamento, pois isto economiza nossa energia.

Desde que iniciei os primeiros contatos com a área do desenvolvimento humano, foi justamente este o ponto que tive que aprender a entender e aceitar sobre as escolhas individuais, pois, muitas vezes, passamos por experiências que foram capazes de promover grandes mudanças em nossas vidas, e ansiamos e desejamos que aqueles a quem amamos e estimamos possam também colher estes frutos. Porém, nem sempre nosso chamado é atendido, nos indignamos do porquê fulano, ciclano ou beltrano não fizeram a "escolha das suas vidas", e nos esquecemos que cada um deles é um ser único, com uma mentalidade e bagagem de conhecimento próprias e, portanto, dotados do livre-arbítrio. Entendi, então, que é necessário que respeitemos a decisão e a vontade destas pessoas, e aceitar que talvez não seja o momento delas para esta decisão.

Mas há aquelas pessoas que atendem prontamente ao chamado, assim como aquelas que em um primeiro momento titubeiam, mas depois aceitam o convite. E é esta a grande magia do mundo do treinamento e do desenvolvimento humano: poder proporcionar o autoconhecimento e a transformação na vida destas pessoas.

Contudo, para que esta entrega seja verdadeira e a grande transformação seja possível de acontecer, é necessário que o treinador também olhe para dentro de si, das suas questões e dores, que a transformação tenha acontecido e que seja uma constante em sua vida, pois somente desta forma poderá afetar e influenciar positivamente aqueles ao seu redor, através de suas ações e comportamentos, inspirando e motivando outros a fazerem o mesmo.

O advento da internet e do mundo virtual exacerbou o mundo das aparências em nossas vidas, fazendo com o que o "ter" passasse a ser mais valorizado do que o "ser", ou seja, produzir um frasco atraente passou a ser mais importante do que o próprio produto. E isto não foi diferente para o mundo do treinamento e do desenvolvimento humano. Após a descoberta e o anúncio da pandemia de coronavírus, em 2020, houve um *boom* de ofertas na internet, principalmente nas redes sociais, de treinamentos prometendo e oferecendo as mais variadas soluções para as pessoas, nem sempre imbuídas da verdade. E foi aí que, por exemplo, muitos indivíduos, que sequer possuíam o conhecimento adequado, passaram a se autodenominar profissionais de *coaching*, banalizando e prejudicando a visão do público sobre esta ferramenta do desenvolvimento humano.

Mas o tempo foi passando e as pessoas tiveram que se adaptar a esta nova realidade de vida, convivendo com um período de grandes incertezas quanto ao seu próprio futuro e do mundo. O mundo que conhecíamos antes da pandemia se transformou: novas tecnologias despontaram e se consolidaram, produtos que tinham grandes promessas de sucesso não se firmaram e caíram por terra, o comportamento do consumidor mudou, as relações sociais se modificaram etc. Enfim, um novo paradigma começou a ser construído.

Dentro deste contexto, podemos verificar que, após o período mais conturbado da fase pandêmica, as pessoas começaram a despertar e ter um novo olhar sobre a vida que vinham tendo até então, e passaram a se cansar daquele frasco que era "mais do mesmo" e que vinha sendo ofertado à exaustão. De repente, as pessoas começaram a sentir que faltava um sentido maior no produto, algo que conectasse ao seu ser.

Observando e vivenciando todo esse período a partir do qual comecei minha jornada no desenvolvimento humano e no meu autoconhecimento, digo que esse hiato, que se criou recentemente, entre o final de 2022 e o início de 2023, parece-me caracterizar o início de uma era em que a verdade passará a ser a guia-mor das relações humanas, e que tudo aquilo que não esteja embasado e fundado nela começará a mostrar sua instabilidade e ruirá.

E para estar nesta nova era é necessário estar em congruência com ela, ou seja, é imperativo que a verdade também seja a guia-mor do treinador e de todos que estejam empenhados em promover o desenvolvimento humano.

É neste cenário que o autoconhecimento se faz tão importante e necessário, pois somente ele é capaz de imbuir a verdade dentro de nós, reconhecendo o que realmente somos na nossa essência, fortalecendo nossos pontos fortes e trabalhando nas nossas limitações, de forma progressiva e totalmente transparente.

Aprendi a reconhecer que todos somos vulneráveis, que cada um de nós tem as suas arestas para reparar. E isto não é um sinal de fraqueza, muito pelo contrário, é algo grandioso, pois é uma ação que somente aqueles que são fortes podem executar com nobreza. Faz parte da atitude, que é uma das chaves para quem realmente quer ser um agente de transformação para si e para o mundo ao seu redor.

E é por isso que, caro treinador, se você realmente deseja realizar com verdade o seu propósito de vida, comece olhando com muito carinho para você mesmo, reconhecendo-se na sua história de vida e preenchendo-a com o autoconhecimento.

Desta forma, ao estar preenchido com a sua história, com a sua força, você será capaz de transbordar todo o seu conhecimento em um nível de entrega que impactará de forma genuína e verdadeira a vida de outras pessoas.

Seja e inspire outros a fazerem a mudança que você quer no mundo!

SOBRE JORGE YOSHIKI UTIAMA

Cofundador Instituto Kensho – *Trainer* de Inteligência Relacional *Kensho* - Sociólogo

Analista de Pesquisa de Mercado, Reikiano, Apometra, *Practitioner* de Psicologia Positiva, Hipnose e Analista Comportamental, *Trainer* do Seminário *Kensho* Eu Próspero, entre outros.

MÍDIAS SOCIAIS: @JORGEYOSHIKIUTIAMA

INSTAGRAM: @INSTITUTOKENSHO

E-MAIL: CONTATO@INSTITUTOKENSHO.COM.BR

SITE: WWW.INSTITUTOKENSHO.COM.BR

LUÍS MAIA

O poder do coração

Talvez você já deva ter ouvido falar sobre o poder do coração, ou até nunca tenha ouvido falar sobre este tema.

Vim aqui contar para você a minha experiência pessoal que poderá te ajudar a entender um pouco mais e quem sabe até mudar as percepções sobre os acontecimentos à sua volta.

Minha história começa quando eu ainda era um garoto, aquele menino franzino, *do cabelo* bem lisinho que adorava estudar, fazer lição de casa, brincar e adorava mais ainda os passeios em família para a casa dos avós, tios e tias.

Foram muitas as experiências vividas em toda a minha vida e, quando criança, comecei a sentir emoções que não entendia e que me deixavam de certa forma confuso.

Aí veio a adolescência e, neste período, ocorreram situações dentre as quais eu observava tudo o que ocorria em minha volta e, diante de incontáveis vezes eu me deparei com uma sensação muito forte, em que meu coração batia em um ritmo diferente em cada uma delas e, mais uma vez, eu não entendia o porquê.

Aquele jovem que estava descobrindo o mundo não entendia tudo o que sentia e, muitas vezes, não sabia nem como lidar com aquilo.

Ainda neste período tive a oportunidade de estudar no SENAI, escola pela qual sou muito grato, pois foi muito importante em minha formação profissional. Naquela época, os alunos mais novos eram chamados de "Fiapo", e me lembro bem como foi ser um iniciante na escola, pois existia uma hierarquia onde os "Fiapos" eram obrigados a pagar "prendas" para os mais antigos. Mas eu era um sortudo, pois tinha amigos mais antigos que já estudavam lá, assim, mesmo sendo um Fiapo, eu tinha proteção e escapava de ser incomodado por outros alunos mais antigos. No ano seguinte eu me tornei "antigão" e logo fui exercer meu direito de azucrinar a vida dos "Fiapos" e na minha primeira investida fui até a cantina onde naquele momento havia um Fiapo comprando um salgado. Eu nem hesitei, cheguei ao lado dele e mandei ele pagar um salgado para mim também. Pois bem, ele pagou o salgado e eu saí dali com aquela sensação de que havia me tornado um antigão de respeito. Mas logo veio aquele aperto no coração e aquele sentimento de que eu havia feito algo horrível, obrigar alguém a pagar um salgado para mim. Eu senti o meu coração apertar e me dizer que aquilo era muito ruim e, naquele momento eu disse para mim mesmo que nunca mais eu iria atazanar a vida de nenhum novato no SENAI. Posso dizer que naquele momento eu pude entender o que era compaixão, mas ainda assim eu não entendia com clareza o que meu coração estava me dizendo.

Logo veio o serviço militar, com muitas experiências naquela época e, ao longo daquele ano, pude consolidar mais ainda meu caráter, espirito de equipe e companheirismo, porém não conseguia entender quando meu coração tentava me dizer o que fazer em algumas situações. Fui promovido a Cabo do Exército, mas acabei não seguindo a carreira, por não ouvir aquele desejo que ardia no meu coração e por ter dado ouvidos à razão que me dizia o tempo todo que o salário do militar seria inferior ao que eu ganharia na indústria.

Lembro de me sentir diferente dos demais colegas de infância, adolescência, juventude, etc. *Me* pegava diversas vezes me perguntando sobre atitudes que eu via outros colegas tomarem e as quais eu sentia em meu coração de que aquilo não era a maneira certa a se fazer. Mas neste contexto houve muito a influência do meio, pois sabemos que o meio influencia as pessoas e, não foi diferente comigo, acabei me deixando influenciar muitas vezes pelo ambiente que estava.

Em várias situações, eu senti aquele aperto no coração e em muitas delas por não entender o que significava eu acabava agindo conforme meu entendimento em cada época da minha vida.

Alguns anos se passaram e em 1999 meu pai partiu para o encontro com o Pai, tendo sido acometido por um problema de coração e ainda que ele tivesse apenas 53 anos de idade seu coração não resistiu ao infarto fulminante.

Hoje consigo reconhecer que aquele Luís do passado era diferente, sim, ele era um garoto puro de coração que não conseguia enxergar a maldade nas pessoas e por isto muitas vezes era passado para trás de alguma forma, mas ainda assim sonhava em mudar o mundo, a forma como as pessoas agiam, mas não conseguia entender por que sentia isto e tão pouco como fazer.

O tempo passou e aquele sentimento que ardia em meu coração e o desejo de mudar o mundo foi se transformando em algo sem sentido, pois eu me sentia como um peixe fora d'água e que cada vez entendia menos tudo o que acontecia. Quanto mais o tempo passava, mais eu ia me sentindo desconectado de tudo aquilo que acreditava.

Em meados de 2006, tive o meu primeiro acesso a um treinamento em inteligência emocional, e naquele momento fiquei maravilhado com tudo o que vivenciei, aí pude sentir em meu coração que havia, sim, a possibilidade de fazer um mundo melhor, e com aquela chama acesa em meu coração pude compartilhar com diversas pessoas da minha família e amigos, tendo inclusive o prazer de levar a minha mãe para participar dos treinamentos, e com um orgulho tremendo ter visto ela se doar para aquilo e aproveitar muito. Foi um período muito importante e que ficou marcado em minha vida pois era muito gratificante ver o crescimento das pessoas quando passavam pelos treinamentos e aquilo me deixava muito feliz, eu me sentia realizado e com o coração cheio de esperança, pois estava contribuindo para a melhoria da vida das pessoas e acreditava que assim poderia ajudar a criar um mundo melhor.

Por motivos diversos, naquela época, deixei tudo isto de lado e segui na minha jornada como empreendedor.

Em 2007, minha mãe partiu para o encontro com o Senhor, tendo sido acometida por um aneurisma, com 60 anos de idade.

Desde então, continuei levando aquela vida de prazeres momentâneos e absolutamente desconectado daquilo que eu sonhava, que era fazer um mundo melhor.

Em 2019, por convite de uma amiga, tive um novo acesso a treinamentos em inteligência emocional e foi quando pude relembrar tudo aquilo que estava adormecido dentro de mim; aí reacendeu novamente aquela chama dentro do meu peito em buscar meu autodesenvolvimento e poder descobrir o meu propósito de vida, que é o de ajudar as pessoas se desenvolverem emocionalmente, na busca de um mundo melhor.

Neste contexto, comecei a entender novamente meus sentimentos e a reconhecer que, se eu quisesse mudar o mundo precisaria primeiro mudar a mim mesmo, pois assim, naturalmente, o mundo ao meu redor mudaria e, isto foi a grande virada de chave em minha vida.

Meu coração ardia com o desejo de fazer algo para ajudar as pessoas, mas eu não conseguia colocar na prática tudo aquilo que gostaria.

Algum tempo depois, conheci a Rosana (hoje minha namorada e futura esposa), e neste contexto tivemos várias situações onde eu sentia algo e quando ia comentar com ela, ela também vinha com a mesma informação, parecendo que estávamos ligados de alguma forma, pois quando um tinha um pensamento ou sentimento, o outro tinha igualzinho. Foram muitas situações onde isto aconteceu entre nós e percebemos que tínhamos uma ligação muito forte, e começamos a buscar um entendimento espiritual sobre isto.

Foi quando em junho de 2022 tivemos a oportunidade de participar de um Seminário com o Marcelo Lyouman, e ali vivemos uma experiência surreal.

Estávamos participando do treinamento, quando o Marcelo começou a fundamentar sobre uma dinâmica que seria feita explicando sobre o Poder do Coração. Naquele momento ele nos explicava que o coração possui um campo eletromagnético que é cerca de 5 mil vezes maior que o campo do cérebro e que possui toda uma rede neural ... a dinâmica se chamava *Heart Coherence* e era baseada na respiração e na conexão entre os dois participantes. Como tudo o que eu e a Rô temos feito juntos, nos permitimos vivenciar ao máximo esta experiência e, em um determinado momento, durante a dinâmica sentimos como se fossemos uma só pessoa, tal era a conexão que havíamos estabelecido.

Ali pudemos, além de descobrir as explicações científicas sobre o Poder do Coração, também vivenciar na prática uma experiência que jamais imaginamos e nunca mais esqueceremos.

Depois deste seminário, pude entender que o meu propósito realmente seria conectar as pessoas à informação e ao autoconhecimento, e sendo assim fiz a formação de Treinador em inteligência emocional, e outras formações específicas, enquanto neste período a Rô fez uma formação de Consultora em Imagem e Estilo, e tem usado do conhecimento da inteligência emocional para contribuir na vida de outras mulheres.

Em um dos treinamentos que atuávamos como staff, a Rô em conversa com uma das colegas de quarto descobriu que esta colega de quarto trabalhou como staff naquele seminário onde participamos do *Heart Coherence* e que durante a dinâmica ela havia ficado ao nosso lado cuidando de nós, porque a energia que emanávamos era tão forte que parecia que éramos uma só pessoa. Eu até me arrepio de lembrar porque realmente foi uma sensação muito forte e na conexão que estabelecemos e, ouvir de uma outra pessoa que observou isto vem a validar tudo o que realmente sentimos.

Durante a formação de *Master Coach* em Inteligência Emocional, eu fazia uma dinâmica onde buscava a identificação dentre meus sentimentos aquele que pudesse ser a minha ferida mortal e, quando eu li "merecimento" meu coração tremeu de uma forma muito forte, como se quisesse me dizer que aquela seria a ferida mortal. Então, eu busquei a compreensão para tratar aquela ferida e, durante o treinamento eu pude reconhecer que era Deus falando comigo através do meu coração.

Aquele garoto, que se sentia perdido com relação às suas emoções e muitas vezes as reprimia por falta de conhecimento, hoje se tornou um Treinador em Inteligência Emocional, e que reconhece a presença de Deus em sua vida através do seu coração, e que entende que, quando seu coração sente é acima de tudo Deus falando consigo.

Hoje tenho a absoluta certeza de que meu coração governa a minha vida, pois quando ele se manifesta é Deus que está falando comigo.

A minha mensagem para vocês é que de posse do conhecimento sobre o poder do coração permitam ao seu coração determinar sua vida, pois será Deus falando com você para que possa agir e transformar primeiro tudo o que está dentro de você e em seguida transformar o mundo em um lugar melhor para se viver.

Eu, que um dia não acreditei em meu potencial, hoje consigo ajudar na transformação das pessoas através dos treinamentos em inteligência emocional, aplicando técnicas poderosas de transformação de crenças,e posso dizer que todas as pessoas são capazes de se transformar naquilo que quiserem a partir das suas decisões dando um passo de Fé e principalmente acreditando em seu processo.

Acredite, sim, pois você pode ser um agente de transformação na vida de muitas pessoas.

Minha gratidão a você, que leu a minha história, e saiba que é por você que estou aqui nesta jornada de transformação na vida das pessoas.

Empresário do ramo de Segurança Eletrônica, Formado em Gestão da Segurança Privada, *Master Coach* em Inteligência Emocional, Treinador em Inteligência Emocional.

LUIS MAIA
INSTAGRAM: @LUISMAIATREINADOR

MARCELO BIANCHINI

Resiliência
Sucesso

Hoje eu sou um pai de família, empresário bem-sucedido e ajudo centenas de pessoas a superarem seus limites todos os dias, mas nem sempre foi assim.

Uma das minhas primeiras lembranças de infância na vida é de quando eu estava na fila para ser revistado em um presídio, em uma das visitas que fazia ao meu pai que já estava há um bom tempo preso.

Eu não me lembro de uma infância feliz, brincando com meus amigos e brinquedos, mas lembro de quando, aos sete anos, meu pai assassinou minha mãe e se matou logo em seguida, comigo ainda no colo.

Por muitos anos, ao lembrar isso, eu tinha raiva, ódio e isso só foi o empurrão que faltava para entrar para a vida do crime.

A vida do crime só te permite ter dois finais: morrer ou ser preso.

Quando eu tinha 17 anos fui baleado e senti a morte vindo me buscar – meu coração parou por mais de um minuto, enquanto estava naquela maca de UTI – mas ainda não era minha hora!

Ficar de cara com a morte não me fez mudar de vida, continuei na vida do crime, até que, ao completar 18 anos, fui preso. A sentença? Dez anos de reclusão.

Foram 3500 dias no ambiente mais hostil do mundo, passando por brigas, fome, miséria, maus tratos... e com muito tempo para refletir.

Passei a treinar o meu corpo com exercícios físicos diários, isso me ajudou a resistir e concluir o resto da minha pena. Aprendi a dominar minhas emoções, a minha mente se tornou a minha maior aliada naquela guerra, que antes parecia sem fim.

Eu tinha certeza de uma coisa: não tinha como evitar meu corpo estar aprisionado, sem ter para onde ir, mas a minha mente não.

Passava a maior parte do dia pensando e projetando como seria minha vida quando eu saísse de lá – isso me deu forças suficientes para cumprir minha sentença e sair como um novo homem, anos depois.

Eu estava livre, não tinha família nem dinheiro, mas com uma decisão: NADA IRIA ME PARAR!

Comecei uma empresa do absoluto zero, que além de me sustentar, sustentava as dez famílias dos colaboradores que eu tinha.

O jogo tinha mudado.

DE EX-PRESIDIÁRIO PARA UM EMPRESÁRIO DE SUCESSO.

Realizei o sonho de construir uma família e ser a minha melhor versão para minha esposa e o herói dos meus filhos. Tive sucesso pela segunda vez, e esse é o meu maior legado. A vida é assim, tudo muda quando você controla a sua mente e toma uma atitude para mudar. DE EX-PRESIDIÁRIO PARA EMPRESÁRIO DE SUCESSO

Aprenda os cinco pilares que eu utilizei para me tornar um empresário de sucesso, depois de sobreviver dez anos como presidiário, quando todas as circunstâncias jogavam contra mim.

1. Sempre há um recomeço.

Depois de tudo o que eu passei, o "normal" seria voltar para o mundo do crime e ser preso novamente (ou morrer). Mas, contrariando as estatísticas, eu decidi recomeçar de uma maneira diferente e, se eu consegui, você também consegue. Lembre-se....Sempre há um recomeço!

2. Treinar Corpo e Mente.

Uma mente forte não suporta um corpo fraco e vice-versa. É necessário fortalecer o seu corpo físico, enquanto a sua mente é afiada para se tornar como a espada de um Samurai. Você só vai conseguir atingir os seus objetivos quando deixar de ser fraco.

3. Definir estratégias.

Qual a diferença entre um sonho e uma meta? Sonhos raramente se realizam por estarem sempre no campo das ideias, nunca saem do papel, mas com uma meta, a história é totalmente diferente. Com as metas certas e uma estratégia poderosa, você vai se tornar uma máquina de resultados e conquistar TODOS os seus objetivos.

4. Honrar sua história.

Por muito tempo, eu tive vergonha de contar a minha verdadeira história. Quando me perguntavam sobre os meus pais, eu dizia que eles tinham morrido em um acidente de carro. Também era essa a história que eu contava quando me perguntavam sobre as cicatrizes de tiro que tenho. Quando eu aprendi a honrar e respeitar a minha história, minha vida se tornou muito mais leve.

5. Propósito, Missão e Legado.

O que você quer deixar para o mundo quando morrer? É uma pergunta desconfortável, eu sei, mas você PRECISA pensar nisso em algum momento da sua vida.... Qual o seu papel no mundo? Chegou a hora de ir além do seu corpo físico e deixar a sua mensagem para as próximas gerações.

SOBRE MARCELO BIANCHINI
@MARCELOBIANCHINIOFICIAL
HTTP://MARCELOBIANCHINI.COM.BR/HOME/

MÔNICA JESUS NOVELLI

Uma história de superação e transformação pessoal

A minha jornada é uma narrativa comum de muitas histórias, incluindo as biografias de indivíduos que enfrentam desafios significativos em suas vidas. Eu, Mônica de Jesus, estou compartilhando a minha história para motivar você a conhecer possibilidades para superar desafios e/ou colaborar com alguém que precise ser motivado, superando desafios significativos em minha vida pessoal e profissional. Minha história é um testemunho da força de vontade, resiliência e coragem, e espero oferecer uma valiosa lição de autodesenvolvimento para todos!

Por isso, vou utilizar a Jornada do Herói, sendo descrita por muitos estudiosos como um padrão universal encontrado em muitas histórias. A Jornada do Herói inclui uma série de estágios que o personagem passa para superar seus desafios e alcançar sua meta final. Vou apontar a utilização das ferramentas da Jornada, na minha história, para que você aplique na sua vida e construa o seu desenvolvimento pessoal e profissional e no final vou deixar um passo a passo para replicar quando e com quem quiser.

Vamos nesta Jornada?

Através da Jornada do Herói, eu aprendi que a força interior, a coragem e a resiliência são capazes de superar os desafios mais difíceis da vida. Todos nós temos sonhos e objetivos na vida, mas nem sempre é fácil alcançá-los. Muitas vezes, enfrentamos obstáculos, dúvidas e medos que podem nos impedir de seguir em frente. Mas e se eu te dissesse que dentro de você existe uma força interior poderosa que pode ajudá-lo a superar esses desafios e alcançar tudo o que deseja? Neste livro, serão compartilhadas histórias inspiradoras, dicas práticas e técnicas poderosas para ajudá-lo a descobrir e utilizar essa força interior e alcançar suas metas mais ousadas.

E eu, Mônica de Jesus, irei colaborar com um pouquinho da minha jornada com você. *Me* permite?

A jornada é dividida em diversas etapas, cada uma com seus próprios desafios e aprendizados. A primeira etapa é a ***chamada para a aventura,*** em que a protagonista se vê diante de uma situação de conflito e precisa tomar uma decisão: continuar na zona de conforto ou enfrentar o desafio. Nesse caso, o conflito foi a exclusão da família e da sociedade por ser desprovida de sobrenome, dinheiro e até uma casa, sem a presença e reconhecimento do pai, e ser mulher com boa aparência, no período do término do militarismo e da naturalidade carioca.

Na segunda etapa, precisei ***atravessar o limiar***, deixando para trás minha vida anterior, com 28 anos de casada, religião protestante, dona de uma distribuidora de produtos para salões e salões de beleza, já reconhecida no mercado há 22 anos, conquistado o prêmio Itaú Mulher Empreendedora e Sebrae Empreendedorismo, fui enfrentar o desconhecido. Essa etapa é marcada pela descoberta de uma nova profissão e pela mudança de cidade, o que exigiu coragem e determinação para superar o medo e a incerteza.

A terceira etapa é ***a prova,*** em que o protagonista precisa demonstrar suas habilidades e superar seus medos para alcançar seu objetivo. A prova foi enfrentar o câncer e ver pessoas queridas morrendo, além de ter que lidar com o preconceito e a falta de apoio financeiro para iniciar meu negócio.

Na quarta etapa, a protagonista ***recebe ajuda de mentores*** e amigos feitos na nova fase, que a ajudam a compreender melhor sua jornada e a encontrar novas formas de lidar com os desafios. Nesse caso, os mentores foram os professores que me auxiliaram na formação em terapias e a aplicação permitiu viver a superação do câncer e ser uma terapeuta de conhecimento próprio, saindo das teorias para prática, com fundamentação, e ainda amigos que auxiliaram com apoio na gestão do meu negócio.

Na quinta etapa, a protagonista precisa enfrentar o ***confronto final,*** em que precisa usar tudo o que aprendeu ao longo da jornada para vencer o último obstáculo. No caso, o meu obstáculo foi a superação do preconceito, solidão, idade, e limitação financeira. Eu consegui enfrentar o confronto que assolava minha mente com as verdades da história que limitavam a minha fé. Confrontar as verdades construídas pelo tempo, com as verdades que eu posso construir no agora do tempo que eu permito ao meu Ser.

Por fim, a última etapa é a ***volta para casa,*** em que a protagonista retorna transformada, com novos conhecimentos e habilidades para compartilhar com sua comunidade. No caso dessa etapa, é marcada pela minha atuação com uma nova família (marido, filho, nora, e quem sabe netos...), como mentora, e pela busca constante pelo autodesenvolvimento, como estudante de Direito e pesquisadora das técnicas terapêuticas mais eficazes para ajudar meus clientes, minha família, meus amigos e meu país.

Assim, acredito que nada que vivemos é por acaso. Minha Jornada do Herói é uma inspiração para todos aqueles que enfrentam desafios em suas vidas e buscam uma vida mais plena e significativa. Com coragem, determinação e ajuda de mentores e amigos, é possível superar as adversidades e transformar os desafios em oportunidades de crescimento pessoal e profissional.

Lembre-se de que a Jornada do Herói é uma jornada pessoal e única para cada indivíduo. Não há um caminho certo ou errado para seguir, mas seguir essas etapas pode ajudá-lo a se orientar em sua própria jornada.

Descubra a Força Interior Para Alcançar Suas Metas
Acredite em Você Mesmo:

O primeiro passo para alcançar suas metas é acreditar em si mesmo. Você é capaz de fazer coisas incríveis, mas, muitas vezes, as limitações que colocamos em nós mesmos nos impedem de alcançar nosso verdadeiro potencial.

1. **Liste suas realizações**: Faça uma lista de todas as coisas que você já realizou em sua vida, por menores que sejam. Desde pequenas tarefas até grandes conquistas, anote tudo o que você já conseguiu realizar. Isso irá ajudá-lo a perceber o quão capaz e competente você é.
2. **Identifique seus pontos fortes**: Faça uma lista dos seus pontos fortes e habilidades. O que você faz bem? O que as pessoas elogiam em você? Reconhecer seus pontos fortes irá ajudá-lo a confiar em si mesmo e acreditar que pode lidar com os desafios que surgirem.
3. **Visualize o sucesso**: Feche os olhos e visualize-se tendo sucesso em uma situação que o preocupa. Imagine-se lidando com o desafio de forma confiante e eficaz. Isso irá ajudá-lo a sentir-se mais preparado e confiante, quando enfrentar situações semelhantes na vida real.
4. **Assuma riscos**: Tente fazer algo que o assuste ou o deixe desconfortável. Pode ser algo pequeno, como falar em público, ou algo maior, como mudar de carreira. O importante é desafiar-se a sair da zona de conforto e aprender que você é capaz de lidar com novas situações.
5. **Pratique a autocompaixão**: Trate-se com bondade e compaixão, assim como trataria um amigo que está passando por um momento difícil. Lembre-se de que todos cometemos erros e enfrentamos desafios, e isso não significa que somos fracassados. Ser gentil consigo mesmo irá ajudá-lo a se sentir mais confiante e capaz.

Lembre-se de que acreditar em si mesmo é um processo contínuo e pode exigir tempo e prática. Mas com o tempo, você pode aprender a confiar em si mesmo e acreditar em sua capacidade de lidar com qualquer desafio que surgir.

Transforme seus Medos em Oportunidades:

Muitas vezes, o medo pode nos paralisar e nos impedir de seguir em frente. Liste seus medos: comece escrevendo uma lista dos seus maiores medos, aqueles que o impedem de seguir em frente e alcançar seus objetivos. Por exemplo: medo de fracassar, medo da rejeição, medo de mudanças, medo do desconhecido, entre outros.

1. **Identifique a origem dos seus medos**: Procure entender a origem de cada medo. Por exemplo: o medo de fracassar pode ter origem em uma experiência negativa do passado ou em uma crença limitante que foi adquirida ao longo do tempo.
2. **Questionar seus medos**: Pergunte a si mesmo se os seus medos são realmente justificados. Muitas vezes, nossos medos são baseados em suposições ou crenças limitantes, que não são necessariamente verdadeiras.
3. **Encontre oportunidades:** Em vez de se concentrar no medo, concentre-se nas oportunidades que se apresentam. Procure ver o lado positivo de cada situação e identificar as oportunidades que podem ser aproveitadas.
4. **Tome ação:** A melhor maneira de superar o medo é enfrentá-lo. Identifique as ações que você pode tomar para superar seus medos e comece a agir. Lembre-se de que o medo pode ser uma grande oportunidade para o crescimento e desenvolvimento pessoal.
5. **Comemore suas vitórias:** Ao superar seus medos e tomar medidas para alcançar seus objetivos, celebre suas vitórias. Isso ajudará a reforçar sua confiança e motivá-lo a continuar avançando em sua jornada.

Visualize o Sucesso:

1. **Escolha um objetivo específico que deseja alcançar.** Pode ser um objetivo profissional, financeiro, pessoal, ou qualquer outro que seja importante para você.
2. **Encontre um local tranquilo e silencioso** para se sentar ou deitar confortavelmente. Feche os olhos e comece a relaxar.
3. **Imagine-se alcançando seu objetivo**. Use todos os seus sentidos para criar uma imagem clara e vívida em sua mente. Imagine-se no local onde você deseja estar, cercado por todas as coisas que deseja ter ou experimentar.
4. **Envolva-se com a emoção de ter alcançado seu objetivo**. Sinta a alegria, a gratidão e a satisfação de ter conquistado o que você mais deseja.
5. **Permaneça nessa visualização por alguns minutos**, deixando que a sensação de sucesso se enraíze em sua mente e corpo.
6. **Abra os olhos e anote suas experiências,** sentimentos e sensações durante a visualização. Mantenha essas anotações e releia-as, quando precisar de uma dose extra de motivação.

Lembre-se de que a visualização é apenas uma parte da Jornada do Herói. Para alcançar seu objetivo, você ainda precisará tomar medidas concretas e enfrentar desafios. Mas, ao visualizar o sucesso, você fortalecerá sua confiança e motivação para enfrentar esses desafios de forma mais eficaz.

Crie um Plano de Ação:

Excelente! Agora que você já trabalhou na sua autoconfiança e enfrentou seus medos, é hora de começar a planejar suas ações para alcançar seus objetivos.

Para isso, vou te apresentar um exercício chamado "Plano de Ação":

1. **Defina seu objetivo:** Comece pensando no que você deseja alcançar e escreva-o de forma clara e objetiva.
2. **Dívida em etapas**: Agora, pense em quais etapas você precisa seguir para atingir esse objetivo. Liste todas elas, mesmo que pareçam pequenas ou simples.
3. **Priorize:** Analise cada etapa e defina qual delas é mais importante e qual deve ser realizada primeiro.
4. **Estabeleça prazos:** Define prazos para cada etapa, levando em consideração o tempo necessário para realizá-las e o tempo disponível que você tem.
5. **Monitore seu progresso:** Crie um sistema de monitoramento para acompanhar o seu progresso e verificar se está alcançando as etapas dentro do prazo.
6. **Ajuste e revise:** À medida que você avança, revise seu plano de ação e faça ajustes, sempre que necessário.

Lembre-se de que o Plano de Ação é uma ferramenta poderosa para ajudá-lo a transformar seus sonhos em realidade. Mantenha o foco e a determinação, e você será capaz de alcançar qualquer objetivo que definir para si mesmo.

Supere Obstáculos:

O caminho para o sucesso nunca é fácil e, muitas vezes, encontramos obstáculos que nos impedem de seguir e superar esses obstáculos, enfrentá-los de frente, aprendendo com eles e transformando-os em oportunidades. Aqui está um exercício para ajudar a superar obstáculos:

Passo 1: **Identifique o obstáculo.** Identifique qual é o obstáculo que está impedindo você de alcançar seus objetivos. É importante reconhecer e definir claramente o problema, antes de começar a trabalhar em uma solução.

Passo 2: **Faça uma lista de possíveis soluções.** Depois de identificar o obstáculo, comece a pensar em possíveis soluções. Escreva todas as ideias que você tiver, mesmo que pareçam improváveis ou difíceis de executar. Não as julgue, apenas as escreva.

Passo 3: **Avalie as soluções.** Agora, analise cada solução e avalie sua viabilidade. Pergunte a si mesmo: "Esta solução é possível? É realista? É prática?" Descarte as ideias que não são viáveis e concentre-se nas que têm potencial.

Passo 4: **Escolha uma solução e faça um plano.** Depois de avaliar as soluções, escolha a melhor opção e faça um plano detalhado de como você irá implementá-la. Que recursos você precisará? Quais são as etapas específicas que precisará seguir? Quanto tempo cada etapa levará?

Passo 5: **Execute o plano.** Finalmente, comece a executar o seu plano. Seja persistente e mantenha-se motivado, mesmo que enfrente obstáculos no caminho. Lembre-se de que o objetivo final é superar o obstáculo e alcançar seus objetivos.

Celebre suas Conquistas:

Não importa quão pequenas sejam suas conquistas, é importante celebrá-las para manter sua motivação e impulso em alta, comemorar suas conquistas, reconhecer seu próprio progresso e usar esse sucesso como motivação para continuar avançando.

Conclusão:

O caminho para o sucesso nunca é fácil, mas com a força interior certa e as ferramentas certas, você pode superar qualquer desafio e alcançar suas metas mais ousadas. Espero que a minha história tenha colaborado de forma positiva

Sou Mônica de Jesus, uma mulher que enfrentou diversos desafios ao longo da vida, mas nunca desistiu de lutar por seus sonhos. Nascida em uma família humilde, teve que trabalhar desde muito jovem para ajudar sua mãe a ter uma casa, quando decidiu mudar de profissão e seguir a área da Psicanálise. Após vencer o câncer e perder pessoas queridas, decidiu que era hora de dar um novo rumo à sua vida. Mudou-se para outra cidade, começou do zero e fundou o Melhormente, onde utiliza sua experiência para ajudar outras pessoas a superarem seus desafios e encontrarem um caminho de realização pessoal e profissional.

Hoje, além de atuar como mentora em diversas áreas do desenvolvimento humano, Mônica é estudante de Direito e segue firme em sua Jornada do Herói, enfrentando cada novo desafio com coragem e determinação. Seu objetivo é inspirar e motivar outras pessoas a também trilharem o caminho da realização e superação de obstáculos.

***Deixe sua experiência com essa leitura:

* INSTAGRAM @MELHORMENTE_MENTORIA

*FALE COMIGO EM MENSAGEM NO MEU WHATSAPP (11) 99921 6234.

*SAIBA MAIS NO SITE: MELHORMENTE.COM

SABRINE SILVA SANTANA DENZIN

Por um mundo melhor

Em 2020, decidi me tornar uma agente de transformação humana, senti um chamado espiritual e, ao me permitir ser uma agente de transformação, significou passar por várias ferramentas, metodologias e técnicas diferentes. Apesar disso, entendi que ainda não sei de nada e, sim, tenho em mente me tornar um constante aprendiz neste mundo, buscando a evolução e autocura.

O pouco que sabemos já é muito para aqueles que não veem a luz. Um momento de superação, por mais simples que pareça ser para você, é dor de muitas pessoas e, se você tem a resposta, por que não contribuir para fazer deste um mundo melhor!?

Passamos por adversidades e desafios que só olhar para o mundo externo de carros, imóveis, viagens já não basta para nos preenchermos, e é quando olhar para dentro se faz necessário. Neste momento embarcamos em uma linda viagem, desafiadora, transformadora e que dura toda a vida. Nesta viagem, olhamos para dentro de nós e buscamos preencher o vazio nos conhecendo e resgatando cada fractal de alma que deixamos em algum momento do passado para sermos inteiros.

Acredito que ser treinador é algo que já está em cada ser humano, já nascemos sendo capacitados pelas nossas experiências, nossas vivências, nos ambientes que vivemos, nossos desafios, dores; e à medida que crescemos e evoluímos, nos superamos, curamos e transformamos nossas dores em soluções para o mundo.

Os erros são a essência das experiências. E já começamos a vida assim: para conseguimos andar além de tentativa e erro é um treino; já somos e treinamos desde o momento do nascimento. Treinamos nos filhos e baseados em tudo que vivemos e aprendemos e, assim, treinamos as próximas gerações a terem a consciência de que aquilo que fazemos hoje, perpetuará no amanhã.

Acredito que cada ser humano herda não somente as características físicas, mas a química gerada pelas emoções– a epigenética e a neurociência estão evoluindo cada vez mais nesses assuntos. Com base nisso, quando nos transformamos e ressignificamos traumas, impactamos também as gerações futuras, fazendo a diferença de uma geração para outra. Plantamos sementes hoje para colher um futuro melhor e transformar esse mundo em um lugar muito melhor

Imagine o código binário de um computador 0 e 1, amor e não amor, sofremos essas programações. Algumas baseadas no amor e até no excesso e outras sem amor. Imagine um ser humano que não se sente amado nem por ele, com falta de propósito, falta de vontade de viver, que vazio existencial, um verdadeiro suicida inconsciente, que sobrevive de prazeres momentâneos, que não o preenchem, mas servem apenas para que ele não abandone a vida e mantenha uma pequena chama de esperança acessa.

Isso pode acontecer com qualquer pessoa, principalmente após sofrer um forte impacto emocional negativo. Foi o que aconteceu comigo, quando me perdi de mim, em 2018. *Me* vi sem propósito para continuar, apenas com uma pequena centelha de esperança.

Em meio ao caos, descobri que poderia inspirar pessoas a criarem novos propósitos e a superarem as adversidades, à medida que elas se permitiam viver o processo e não desistirem de viver.

A vida é uma dádiva que o Criador nos deu. E ele nos fez à sua imagem e semelhança, e qual foi essa semelhança? Ele nos fez criadores de nosso mundo. A nossa mente tem o poder de criar e podemos criar o céu e o inferno dentro de nós e o que decidimos criar?

O inferno. Algumas pessoas, que vivem em zona de terror vibracional que é de 0 Hertz, segundo a escala vibracional de Hawkins, são indivíduos onde as ações comuns são de vitimismo e ataques, culpando os outros. Nesse nível, as pessoas estão voltadas para fora de si e, por isso, o mundo fora delas é o seu maior problema. Seu foco de atenção é voltado para culpar a sociedade, pessoas e situações para aliviar suas emoções interiores. É como se a pessoa não suportasse o que está dentro e preferisse colocar seu foco de atenção no que está fora, onde o caos reina, com pensamentos de ódio e sentimentos de dor. Quando essas pessoas se permitem chegar em um treinamento e sentem a faísca se acender decidem viver – o amor é capaz de transformar de dentro para fora qualquer ser humano. Nessa parte, ajudamos as pessoas a enfrentarem os monstros com as armas que elas já possuem a assumirem o controle de sua vida, cada uma em seu momento. Uma pessoa vibrando em amor é capaz de transmutar a vibração de uma pessoa vibrando ódio.

Cada treinador passa por um processo único de transformação e são os primeiros a acreditarem na transformação; cada um usa de diversas metodologias, ferramentas e técnicas. Eu mesma passei por várias, fui de sessões de terapias à física quântica, experenciei e depois fiz.

Em um treinamento percebi o quanto estava desconectada do Criador e me senti resgatada, à medida em que me reconectava a Ele. Cada ser tem o seu papel de contribuição no mundo. Cada Ser é uma centelha do Criador, é importante para Ele. Sua vida é importante e faz a diferença, sem ela o Criador não ficaria completo em um Universo de infinitas possibilidades. Qual realidade você deseja criar quando sabe o quanto o mundo pode ser um lugar melhor, através de nós? Importar-se com as pessoas, aceitá-las, independentemente de quem são e abrir o coração para ter acesso a elas.

Como parte de uma corrente do bem e uma agente de transformação humana posso fazer a diferença na minha vida, de minha família, para o meu entorno e todos juntos podemos fazer deste mundo um lugar melhor.

Eu sou Sabrine Silva, hoje sou empreendedora em meu próprio negócio e na vida. Mergulhei em mim mesma e descobri no autoconhecimento a clareza para construir não apenas um negócio com propósito, mas uma vida com propósito.

@EUSOUSABRINESILVA
@INSTITUTOUNIC

SILAS NEVES

Nossos sentimentos influenciam nossos pensamentos e decisões

Talvez você já tenha ouvido alguém falar algo mais ou menos assim: "Nossos sentimentos influenciam nossos pensamentos e decisões. "

Essa é uma afirmação que faz total sentido. Entretanto, o que pouquíssimas pessoas sabem é como utilizar esse aprendizado na própria vida. Ou seja, transformar esse aprendizado em algo realmente útil e prático para ter uma vida melhor.

Uma coisa é ter conhecimento de que, sim, nossos sentimentos influenciam nossas decisões e percepções da realidade. Outra coisa é conseguir usar esse conhecimento como uma pedra filosofal que transforma qualquer situação desafiante em uma grande oportunidade.

Por isso, quero contar parte da minha história, para que você possa ver um exemplo real de como esse conhecimento transformou minha vida e me tirou de um cenário completamente caótico e me permitiu formar mais de 35 mil reprogramadores mentais, em 43 países ao redor do mundo (números de 2022).

Hoje eu tenho facilidade para ajudar pessoas a terem uma vida melhor e a ganharem mais dinheiro. Tenho vários depoimentos de mentorados que ascenderam socialmente, como um que tinha um salário de R$1.900 mil por mês e começou a ganhar mais de R$40 mil, mesmo sem ter faculdade.

Constantemente, recebo *feedbacks* de alunos e mentorados que melhoraram seu relacionamento, conseguiram lidar com questões emocionais, libertaram-se de vícios, mudaram comportamentos destrutivos, entre outros. Você pode conferir no meu Instagram e no meu canal do Youtube.

Entretanto, sempre que alguém decide iniciar uma jornada e seguir um propósito, Deus (ou a vida, se assim preferir), faz um teste. E talvez você, nesse momento da sua vida, esteja vivendo esse grande teste. E eu quero trazer aqui, nessas páginas, um aprendizado que surgiu no momento mais difícil da transição de carreira. O aprendizado, que sem ele, minha vida não seria a mesma.

Por isso, peço sua permissão para contar partes da minha história de vida.

Em resumo, eu comecei do zero. Saí da casa dos meus pais e fui morar com minha esposa, sem absolutamente nada. Morávamos de favor em uma casinha de dois cômodos e telha Eternit. Eu lembro que, nessa época, a situação era tão difícil que o conseguíamos almoçar e jantar era apenas arroz e salsicha.

A situação era bem precária e desafiante. Precisávamos trabalhar de domingo a domingo, da hora que acordávamos, até a hora que íamos dormir e, mesmo assim, nossos ganhos eram menos do que um salário-mínimo por mês.

Não estávamos satisfeitos com aquela situação, era triste, era humilhante e desesperadora. A miséria pode ser bonita na poesia, mas quando a sentimos na pele, você descobre que nela não há beleza alguma.

Insatisfeitos, buscamos todos os dias alternativas para mudarmos de vida. Começamos a gastar parte do pouco dos nossos ganhos por mês em livros, para entender como as pessoas bem-sucedidas conduziam suas vidas. Através de muito estudo e trabalho, aos poucos, melhoramos de vida.

Alguns anos após isso, a situação era completamente outra. Conseguimos comprar nosso primeiro carro, um Pálio usado do ano 2002, alugamos uma casa melhor, compramos alguns móveis e tínhamos uma vida boa, sem luxos, mas muito boa, pois, nesse momento, sentíamos que havia dignidade no nosso estilo de vida, por mais humilde que fosse. Nesse momento, deixamos de depender das pessoas para ter onde morar, para ter o que comer e para ter o que vestir. Foi uma grande vitória.

Tudo parecia um sonho. Entretanto, durou pouco tempo. Literalmente, vivemos os efeitos daquela crença limitante: "Felicidade de pobre dura pouco", que estava arraigada profundamente dentro de mim. E, realmente, durou pouco nossa felicidade.

Tivemos um problema na empresa e nossos ganhos despencaram. Parecia um pesadelo. Naquele momento, eu entrei em desespero, sem saber o que fazer e desconsolado com a vida. Na minha cabeça só passava o seguinte pensamento: *"Como assim? Eu não mereço nem isso? É tão pouco! É o mínimo. Por que isso está acontecendo comigo? "*.

Hoje, com mais clareza, é fácil perceber que eu assumi uma postura de vítima, buscando um vilão para colocar a culpa. Eu não queria aceitar que esse desafio da empresa era um problema que eu deveria abraçar e lidar com ele. Ao invés de agir assim, com proatividade, eu simplesmente paralisei. E é claro, isso só piorou tudo.

Entretanto, o desespero e o inconformismo foram passando. A vida seguiu, e eu precisei me reerguer da lona emocional e colocar as coisas no lugar. Aos poucos, a empresa voltou para o prumo e começamos a trabalhar com limpeza de pedras de piscina.

Tudo estava maravilhoso, nossa empresa de limpeza de pedras estava crescendo e a gente conseguiu ter uma vida melhor financeiramente, naquele momento. Entretanto, eu não estava satisfeito com essa profissão. O trabalho envolvia ficar horas embaixo do sol limpando pedras, ficar exposto a produtos químicos extremamente fortes, além de trabalhar arduamente.

A empresa me trazia dinheiro, mas não fazia parte do meu propósito de vida, e trabalhar apenas por dinheiro é o caminho mais fácil para adoecer a alma.

Então, eu comecei uma busca interna, uma reconexão com o meu *eu*. Olhei para o meu passado, para a minha história de vida, e me reconectei com uma parte minha, uma parte que sempre gostou dos mistérios da mente humana.

E esse reencontro com o passado foi algo que mudou o percurso da minha vida. Aqueles que olham para o passado podem encontrar dor e tristeza, mas também podem encontrar o seu verdadeiro *eu,* o seu propósito de vida.

Então, caminhando pela minha linha do tempo, eu voltei até os quatro anos de idade, quando eu questionava mentalmente sobre o motivo das pessoas serem como são, o motivo das pessoas terem situações de vidas diferentes, e não obtendo respostas. Esses questionamentos e curiosidade sempre estiveram comigo.

Mais adiante na minha linha do tempo, com nove anos de idade, eu recordei de momentos marcantes, de quando eu comecei a ler livros de Psicologia, Psicanálise e Filosofia. Eu lembro dos professores achando estranho uma criança de nove anos, por vontade própria, debruçar-se durante a aula para ler esses livros robustos. E, sim, eu não me importava muito com o conteúdo das aulas na escola, preferia ler livros do meu interesse. Por sorte, meus professores apoiaram isso.

O meu primeiro contato com livros de Psicologia também foi outro momento marcante, pois, até os nove anos de idade eu não sabia que existiam pessoas interessadas na mente humana. Eu não conhecia essa palavra e nem sabia que existem muitas formas de trabalhar com a mente humana. Então, eu me sentia um peixinho fora d'água, com questionamentos sobre a dinâmica da vida, dos pensamentos e do tempo, e ninguém, na minha infância, tinha respostas para isso. Ao menos, não respostas profundas. Para falar a verdade, muitas vezes, a resposta que eu ouvia era: "Quando você for adulto, você vai entender." E eu odiava ouvir essa resposta.

Então, nessa época, enquanto eu carregava todos esses questionamentos e teorias comigo, em silêncio, eu comecei a ler diversos livros infantis e juvenis. Até que um dia eu consegui um livro chamado "Peter Pan", que eu comprei na banca do "Seu" Valter. Eu pensei que seria um livro da história de Peter Pan.

Cheguei em casa, todo feliz, e fui mostrar para a minha mãe o livro que encontrei. Eu lembro que ela pegou o livro da minha mão, olhou para ele, olhou para mim e disse: "Esse livro não é o que você está pensando. Você não vai gostar dele."

E eu fiquei com isso na cabeça, e essas palavras dela só serviram para me deixar mais curioso. Então, eu fui ler o livro, e descobri que o nome completo do livro era: A Síndrome de Peter Pan, de Dan Kiley. Imagine só, uma criança de nove anos. Eu não fazia ideia do que significava a palavra "Síndrome", eu pensei que era algum sinônimo de "Sinopse". Mas, para a minha surpresa, era um livro que falava sobre a mente humana, sobre o adolescente que não quer virar adulto. E, nesse livro, eu encontrei muitas respostas para minhas perguntas.

A partir desse momento, eu descobri que existiam mais livros do gênero, e comecei a me aprofundar nesses livros. Passei anos estudando por conta própria esses assuntos. E tudo isso foi algo que marcou a minha história pessoal de vida, e que eu nem sequer lembrava.

Ao caminhar pela minha linha do tempo ficou fácil de entender o que estava acontecendo com minha vida no presente, ficou fácil de entender o porquê eu estava tão frustrado profissionalmente. Eu simplesmente havia me desconectado da minha história de vida.

E quando estamos conscientes do que está acontecendo conosco, Deus começa a se movimentar para nos mostrar o caminho.

Um dia recebi uma mensagem de um amigo treinador com uma oportunidade para fazer uma formação na área. Essa era a oportunidade perfeita para fazer a minha tão sonhada transição de carreira e entrar em um mercado que fizesse sentido para quem eu sou.

A questão é que o investimento era alto para nós, naquela época. Não tínhamos esse dinheiro para investir.

E foi aí que tive que tomar a difícil decisão de vender o carro para investir nessa formação e iniciar uma nova carreira.

Esse foi um momento árduo. Vendemos o carro e ficamos apenas com uma moto Biz bem velhinha. Minha esposa se manteve trabalhando na empresa antiga, vendendo e fazendo a limpeza das pedras sozinha, enquanto eu gastava todo o dinheiro que sobrou do carro para tentar conseguir clientes.

As coisas foram ficando apertadas rapidamente, o dinheiro desapareceu, a empresa parou de dar lucro e estávamos sem carro ainda.

Novamente chegamos em uma situação financeira complicada, em que tivemos que gastar nossa última "reserva financeira": uma pequena coleção incompleta de moedas de um real das Olimpíadas (Lembra delas? Pois é, foi o que sobrou no meu bolso).

A situação foi tão caótica, que quando percebi eu tinha apenas quatro moedas de um real. Na minha cabeça eu só pensava: *Amanhã nós vamos quebrar. Não vamos conseguir nem comprar o almoço, quanto mais a janta.*

Lembro-me que, nesse dia, eu tive uma reunião importante para participar. Então peguei a moto Biz e fui ao posto de gasolina abastecer. Quando pedi para o frentista colocar um real de gasolina, no primeiro momento, lembro que ele achou que era uma piada. Mas logo ele percebeu que não era, e abasteceu um real de gasolina.

Como a moto era bem econômica, com um real dava para andar uns bons quilômetros (e a gasolina era mais barata, também). Fui para a reunião, que era perto (cidade pequena), e na reunião, eu tive uma das piores experiências da minha vida. Eu precisava estar atento ao que estava acontecendo lá, entretanto, eu simplesmente não conseguia. A preocupação me tomou por completo. Não sei se você já enfrentou uma situação assim, onde você realmente não consegue ficar presente para o que acontece. Eu simplesmente estava completamente preocupado com a possibilidade de quebrar novamente.

Após esse momento de tortura, onde eu precisei ao menos fingir que estava prestando atenção, para não ficar evidente que eu estava em um caos mental completo, eu voltei para casa. Voltei com aquela angústia que me corroía por dentro, resultante da decisão de fazer uma transição de carreira e seguir meu propósito. E agora, após essa decisão, parecia que tudo ia ruir, que o pouco que eu tinha ia ser perdido tudo novamente.

Quando cheguei em casa, eu tomei uma decisão. A decisão mais importante nesse momento da minha vida. A decisão de simplesmente me distrair de todos os problemas, e no meio da tempestade de areia no deserto, encontrar um oásis mental.

Então, chamei minha esposa para irmos tomar sorvete. E fizemos isso. Fomos até à praça da cidade e pegamos dois picolés. Esse, simplesmente foi um momento mágico, simples, porém, que mudou todo o percurso do que estava por vir. Nesse momento, eu simplesmente parei de me preocupar com o problema, tirei o foco daquilo que estava me atormentando, e simplesmente aproveitei o momento com ela.

E, após isso, fomos embora e descansamos. No outro dia, eu me levantei me sentindo bem e renovado. Assim, arquitetei uma estratégia e já executei-a. E nesse dia, tudo voltou ao normal. Os clientes começaram a aparecer aos montes e a transição de carreira foi feita. Basicamente, de uma hora para a outra.

Eu conto sobre esse momento específico, porque aí reside um grande aprendizado. Em retrospectiva, fica fácil de entender o que aconteceu. Primeiro, eu estava focado no problema. Estava preocupado e estressado. Nessa posição mental, eu jamais encontraria as respostas que eu precisava.

Quando quebrei o estado mental indo na sorveteria, eu mudei completamente o foco interno e, ao invés de focar no problema, ao sentir-me bem, comecei a focar na solução do problema, e as respostas surgiram instantaneamente.

E esse é o aprendizado que trago na primeira frase deste livro: "Nossos sentimentos influenciam nossos pensamentos e decisões."

Intencionalmente, crie momentos que vão influenciar positivamente como você se sente. A resposta que você busca só pode ser alcançada em um estado de excelência. Mantenha-se nesse estado de excelência e as portas se abrirão para você.

O *Trainer* Silas Neves é REFERÊNCIA em PNL, Hipnose, Mentoria Empresarial e *Coaching*, com mais de 3.500 horas de atendimento individual. Fundador da SRM - Sociedade da Reprogramação Mental - o maior portal de reprogramadores mentais da América Latina. Sócio-Proprietário, junto com a Nathalia Neves, do Instituto Kronos, que conta com mais de 35.000 alunos, em 43 países.

Foi treinado com grandes nomes internacionais da Hipnose e da PNL, a saber: John Grinder, Tony Robbins, Richard Bandler, Michael Carroll, Carmen Bostic, Anthony Beardsell, Joseph McClendon III, Kain Ramsay, entre outros.

Hoje, entende como sua missão, além de prover para sua família, implementar a prática da verdadeira PNL através de suas Formações, Treinamentos e Cursos.

Seu lema é: Quem faz PNL tem uma vida melhor.

REDES SOCIAIS:
INSTAGRAM: HTTPS://WWW.INSTAGRAM.COM/SILASNEVESTREINADOR/
YOUTUBE: HTTPS://WWW.YOUTUBE.COM/SILASNEVES

VANESSA BARBOSA DE LIMA

Ultrapassando Barreiras

Nossa história se inicia a partir da fecundação, que é quando acontecem os primeiros registros de crenças, que nos causam frustrações e nos bloqueiam no decorrer da vida.

Conforme vamos nos desenvolvendo, vamos passando por desafios que deixam registros em nosso corpo e no nosso inconsciente. Esses registros se apresentam como uma dor: rejeição, abandono, manipulação, humilhação, traição... O mais impressionante nisso tudo é que em cada registro de dor desenvolve–se o recurso necessário para que possamos superá-la.

Durante a vida, essas dores se apresentam em diversos momentos, formando assim uma enorme barreira que nos impede de seguir em busca do nosso propósito de vida. São crenças que se instalam através da educação que recebemos dos nossos pais, das adversidades da vida, das escolas que frequentamos, dos professores, do ambiente em qual estamos inseridos, religiões, ou seja, crenças adversas de outras pessoas nos impõem regras e normas devido às experiências e aos desafios que elas tenham sido submetidas, no decorrer de suas vidas.

Vou resumir um pouquinho da minha história para que possam entender o que são essas barreiras.

Fui mãe aos 20 anos, aos 36 anos meus dois bens mais preciosos foram afastados de mim. Desmoronei, meu mundo foi ao chão, *me* vi diante dessa enorme barreira, sem a menor condição de ultrapassá-la, e mesmo sem entender como, aos poucos, fui encontrando forças para seguir adiante e lutar por eles. Foi muito difícil, desafiador e desgastante, mas a cada momento me sentia mais forte, e quando me sentia derrotada e sem forças novamente, de alguma maneira, extraí forças sem entender de onde vinha, e seguia com mais determinação e acreditando que tudo era possível, que aqueles momentos passariam e tudo ficaria bem outra vez.

Após alguns anos, de muita luta e sofrimento, recebi aquela tão esperada ligação. Meu caçula resolveu voltar para casa, foi um dos momentos mais felizes nos últimos tempos, embora minha expectativa fosse que os dois voltassem, mas tudo bem, entendi que ainda não era o momento. Mesmo radiante de felicidade, sabia que outra barreira se formava ali, o desafio seria grande, já que eu estava em outro relacionamento. Passado algum tempo, confrontei outra barreira, uma verdadeira muralha, engravidei pela terceira vez, 16 anos após a minha segunda gestação, foi loucura. Já aos 40 anos, tudo fica mais complexo nessa situação. Embora ainda estivesse com meu companheiro, *me* senti totalmente abandonada, enfraquecida pela gestação, sem a menor condição de trabalhar, sem apoio e sem família. Tive que me aquietar e aceitar a vida como estava, sem questionamento. Nesse momento, meu companheiro assumiu o posto de líder da família, e como se não pudesse ficar pior, tudo virou só em festa, sem controle, sem compromisso, sem responsabilidade e, mesmo sem condições financeiras e/ou de saúde, sem medir as consequências, saíamos todos os dias para a bagunça, ia, mesmo indisposta, para evitar maiores conflitos, aceitava e ficava quieta (muito medo de ser abandonada).

A situação foi ficando cada vez mais difícil de lidar, eu sem trabalhar e ele trabalhando quando tinha vontade, gastando o que ele ganhava e o que não tinha; fomos nos afundando em cartões e limite de banco. Diante desse relato, nem preciso dizer como isso termina, né?

Pois então, como nem tudo é para sempre, a temporada de festas de fim de ano se encerrou com o fim da minha gestação, e lá estava eu, diante de mais uma barreira para ultrapassar, tive que voltar imediatamente ao trabalho e conciliar o lado maternal com o profissional. Três dias após o nascimento do meu bebe, antes de 7h da manhã, estávamos os dois, eu e o bebê retomando minha atividade na lanchonete (medo da escassez), a partir daí busquei forças no Universo, e comecei a reorganizar a minha vida. Os conflitos familiares tomando cada vez mais força. Durante o ano todo foi muito trabalho para recuperar o tempo perdido e os gastos obtidos desnecessariamente. Quando pensei que tudo ia bem, me vejo diante de mais uma barreira, o proprietário da sala pediu o imóvel, pensei comigo "E agora? Como ultrapassarei mais essa? " (frustração, traição), mas 'bora lá, eu sabia que parada não poderia ficar.

Em fevereiro de 2020, encerrei as atividades da lanchonete e resolvi me dedicar à minha carreira de *coach*, e é claro pensei que agora tudo ia ficar bem, só que não, mais um desafio surgiu, e me vi diante de mais uma barreira a ser ultrapassada. Em março, o mundo parou por conta da pandemia, o companheiro ficou sem poder trabalhar, os compromissos já adquiridos tinham que ser honrados, e, para completar, tinha meu bebê de um ano. O que fazer nesse momento? Bateu forte aquele sentimento de humilhação, fomos todos privados de nossos direitos de ir e vir e trabalhar por nosso sustento, mais uma vez pensei, como ultrapassar mais essa barreira? Foi aí que decidi continuar com a lanchonete (de forma clandestina), em um galpão que tinha nos fundos da casa em que eu morava; era um risco, mas necessário. Nesse período, conheci a Análise Corporal e resolvi estudar sobre esse assunto. Agora, sim, tudo ia se encaixando, a vida ia ser diferente.

Passando da metade do ano de 2021, confrontei outra barreira enorme a ser vencida: o proprietário da casa em que eu morava e trabalhava, até então, também pediu o imóvel. A solução imediata foi terminar uma obra que tenho na cidade de Itajaí e me mudar para lá com a família, no entanto, em desacordo e com desentendimentos com o companheiro, a obra não andava, o tempo foi passando e a pressão para desocupar o imóvel continuava.

Em novembro desse mesmo ano, uma tragédia: meu único irmão faleceu, aí me vi de cara com mais essa barreira para ultrapassar, perdida, sem saber o que fazer. Ao retornar para casa, após o sepultamento, eu e meu companheiro decidimos nos mudar para SP, até que as coisas se ajeitassem. Já em dezembro, mudei com meu bebê, e o companheiro viria após uns dois ou três meses – tempo de terminar um trabalho que já tinha iniciado e colocar laje em nossa obra em Itajaí. O tempo foi passando, nem nada dele vir, ou terminar o trabalho ou, até mesmo, concluir a nossa obra; eu, apreensiva, ansiosa, a cada dia sempre na expectativa de que ele pudesse aparecer a qualquer momento, de surpresa, mas continuava frustrada e chateada com o descaso e abandono dele, não queria aceitar a realidade e sempre esperançosa e confiante de que a família era mais importante e a união superaria tudo...

Em 2022, conheci meu mentor Marcelo Lyouman, e enxerguei ali a possibilidade de me desenvolver mais profissionalmente, percebi que aquele era o caminho. Ainda magoada, sem saber em que pé estava meu relacionamento, busquei me desenvolver pessoalmente e profissionalmente, capacitei-me como treinadora e passei a fazer parte do grupo de *mastermind* do Marcelo, e sabia que o caminho era focar nesse desenvolvimento, mas ainda estava de frente com uma enorme barreira, que eu mesmo fazia questão de fingir que não existia (meu relacionamento), e isso me travava, impedia-me de seguir adiante e, mesmo assim, eu negava que havia um problema ali. Ainda esperançosa, cheguei até a adquirir um treinamento para meu companheiro, com a intenção de fortalecer a nossa união (só eu não enxergava que ela não existia mais), até que as forças do Universo me revelaram a verdade: "SIGA SEU PROPÓSITO DE VIDA, SEU COMPANHEIRO JÁ ESTA SEGUINDO A VIDA DELE", ou seja, mais um baque e, nesse momento de tristeza, me vendo mais uma vez perdida diante de mais uma barreira que me impedia de seguir, tive uma visão ou sonho, não sei definir bem o que foi...

Uma energia sem forma, mas que acolhia, me levou para dar um passeio sobre a minha linha do tempo, fez eu ver de outro ângulo minha vida, minhas decisões e os resultados obtidos; fez com que eu sentisse novamente cada momento passado, tanto os bons quanto os ruins, e isso fez com que eu refletisse o quanto estava valendo a pena aquele sofrimento. Mas esse passeio não parou no meu passado, essa energia me levou a um labirinto de arquivos: sombrio, frio e escuro. Deixou-me por lá alguns minutos e eu sem saber o que era aquilo tudo; logo houve uma explicação: isso são propósitos de vida nunca alcançados. Pessoas que sonhavam, mas pelas crenças limitantes que tinham, abriam mão de seguir seus sonhos e tiveram uma vida de frustação, até o último dia da sua existência. Fiquei espantada e sem ação, sem saber o que pensar sobre aquilo tudo.

Ao observar o outro lado, vi um ambiente mais claro, com energia de vida, completamente diferente daquele lugar sombrio que estávamos. Aí questionei: "O quem tem ali? " E a resposta foi: "Ali está o propósito das pessoas que ainda vivem. Acompanhe-me". Neste momento, puxou um dos arquivos e me entregou para que eu abrisse e lá estava meu o meu propósito: "SER UMA RENOMADA LÍDER EM DESENVOLVIMENTO HUMANO, e minha missão: AJUDAR O MAIOR NÚMERO DE PESSOAS A ENCONTRAREM O SEUS PROPÓSITOS DE VIDA". Foi aí que entendi que não é sobre mim e, sim, sobre o que eu tenho para oferecer para as pessoas, o que eu tenho que fazer pelo mundo, e que o meu propósito tem que ser atingindo, e não abandonado, como muitos outros.

Nesse momento, me levantei e decidi nunca mais me calar e nem me paralisar, diante de nenhuma barreira. Toda dor tem um recuso, todo problema tem uma solução, todo desafio aparece justamente para que possamos ativar nossos poderes e não aceitar o que parece confortável, mas na realidade é destruidor.

Decidi que não aceitaria as coisas como elas se apresentavam. A partir daí minha energia de vida será consumida vivendo e ajudando quem precisa encontrar o seu propósito.

Surge assim o treinamento: "ULTRAPASSANDO BARREIRAS"

Existem muitas crenças que são tidas como verdades, e são carregadas por toda uma vida. A maior dificuldade das pessoas é justamente identificar o que é uma crença limitante ou o que de fato são seus valores.

As crenças limitantes têm o poder de se camuflar entres os reais valores, e por não entender essa diferença, as limitações surgem.

O treinamento "ULTRAPASSANDO BARREIRAS", elaborado para ajudar as pessoas a descobrirem sua força, ativarem seus recursos, identificarem seus propósitos, extrairem a energia necessária do Universo para que cada um possa seguir seus sonhos; destravar as pessoas que não conseguem ir em busca de seus objetivos, identificar e eliminar as crenças que as paralisam, fortalecer e emponderar cada uma das energias que existe no interior das pessoas.

Nesse treinamento, é possível entender que cada um tem a sua própria essência, seu jeito de ser, viver, pensar e agir, e entende a sua importância e relevância na vida. É um treinamento de alto impacto emocional, que reprograma suas crenças de maneira mais rápida e assertiva, faz cada um buscar, dentro de si, seus recursos para se fortalecer e realizar seus sonhos.

Para que isso seja possível, é necessário que você saia da zona de conforto, e comece agora a agir. Acredite, ninguém vai te pegar pela mão e obrigá-lo a correr atrás de seus objetivos, porque, para a maioria das pessoas que te rodeiam, é bem melhor que você continue assim, exatamente do jeitinho que você é, da forma que foi moldado a partir das experiências e de suas crenças, vivendo dentro da realidade delas, mesmo que para você não faça sentido.

Só você poderá seguir em direção aos seus objetivos, não importa onde esteja nesse momento, tudo isso só depende de você.

Temos o poder ilimitado para expandir o Universo, através dos nossos sonhos e desejos. Para que isso aconteça, é necessário libertar-se das opiniões alheias. Passe um tempo sozinho, consigo mesmo, conectado apenas com seus próprios pensamentos, contemple o silêncio, descubra seu propósito e siga em busca de seus objetivos.

A falta de atitude te mantém preso à ignorância, às crenças equivocadas e ao comodismo, te afastando assim cada vez mais dos teus sonhos.

Não é possível ser feliz vivendo a realidade, sonhos e, principalmente, as crenças de outras pessoas. Se você percebe que não está vivendo seu propósito, observe melhor as pessoas do seu convívio, analise os ambientes e os grupos em que está inserido. Se sentir que não vive livre e está preso por regras, encontre um grupo de pessoas que se conectem com suas ideias, princípios e valores. A vida é feita de escolhas, o não decidir qual caminho seguir, já é uma escolha: a escolha de deixar que outros decidam e vivam a sua vida por você.

Sempre que tiver medo de avançar em direção aos seus sonhos, lembre-se das barreiras já ultrapassadas, dos desafios enfrentados, dos medos superados, e siga sempre rumo aos seus objetivos, porque a única coisa que não o leva a lugar algum é manter-se na zona de conforto. Ultrapasse quantas barreiras forem necessárias, mas nunca desista de seus objetivos, não abandone seus sonhos, viva seu propósito.

Instituto OnixREDES SOCIAIS
VANESSA BARBOSA DE LIMA
ONIXVANESSA
ONIX.INSTITUTO
WHATSAPP(47)9.9658-1255 / (11)9.1454-0577

YURI BARBOSA

Chega de comer pão de coffee

Tudo começou na manhã linda de sol de uma segunda-feira, no dia 23 de março de 2015, mas antes de contar o que aconteceu naquela manhã de segunda, eu preciso dizer o que aconteceu um dia antes, no domingo.

Domingo foi um dia de repleta insatisfação. Na época, eu fazia estágio em uma indústria farmacêutica francesa. Sempre fui um rapaz inconformado e ambicioso. Como de costume, eu estava insatisfeito naquele estágio, por não sentir que todo o meu potencial estava sendo usado ali e, naquele dia, eu tive uma verdadeira "briga" com Deus, *me* achei no direito de colocar Deus na "parede" e falei com Ele: "Não sei o que você vai fazer na minha vida, mas eu quero que você dê um jeito". Que louco eu fui, não é? Mas eu fiz isso.

Agora, voltando para a manhã do dia 23, naquela madrugada, eu não consegui dormir direito, pois na minha cabeça ficava passando um turbilhão de coisas, como por exemplo: O que vai ser da minha vida? Como será o meu futuro? Será que Deus vai me ajudar?

Por não conseguir dormir, naquele dia eu acabei indo cedo para o trabalho. Como habitualmente, peguei o BRT (um transporte rápido que tem no Rio de Janeiro), lotado como sempre, eu ia me sentindo como uma sardinha enlatada. Cheguei ao trabalho quase uma hora antes, eram 9h13 da manhã, sentei à minha mesa de computador, liguei o computador e fiquei olhando para a tela.

Depois de algum tempo parado, sentado ali, olhando, eu ouvi a palavra *coach* em minha mente. Num primeiro momento, eu ignorei a voz e continuei olhando para a tela, eu nem ao menos sabia o que era *coach*, pensei que fosse só mais uma *doideira* da minha cabeça.

Continuei trabalhando naquela manhã, como se nada tivesse acontecido. Às 10h da manhã, o expediente começou, mas a palavra continuava na minha cabeça, martelando sem parar, como se fosse um martelo batendo em um prego. Incomodado com essa palavra que não saía da minha cabeça. Alguns minutos depois, abri o bom e velho Google e digitei a palavra *coach*. Depois de dar *Enter* e carregar a página, a mágica aconteceu... quando eu li o que um *coach* faz, entendi o que estava acontecendo e o motivo da palavra não sair da minha cabeça. Fazer o que um *coach* faz era tudo o que eu sempre quis na minha vida. Enquanto lia, me lembrei da "briga" que tive com Deus na noite anterior. Naquele momento tive a certeza de que era isso que eu queria para minha vida. Na página em que estava, dizia que eu teria que fazer um curso para me tornar um *coach*. Prontamente, digitei no Google em busca da melhor escola de *Coaching* que existia no mercado, e apareceu na tela a mais bem ranqueada. Cliquei na página e preenchi o formulário de interesse sem nem saber qual era o valor, eu só tinha uma certeza em meu coração: Vou fazer esse curso, e não me importa o valor.

Depois de alguns minutos, a vendedora dessa escola entrou em contato comigo e começou a me explicar tudo sobre a formação, como funcionava etc.... Até que fiz a pergunta sobre o valor. E ela me disse: R$6.300 mil. Naquele momento, eu estava com um grande problema, pois eu recebia R$1.000 mil do estágio, pagava R$640 de Faculdade de Administração, me sobravam R$360 para passar o mês inteiro. Como eu iria fazer? Essa conta não fechava... Naquele momento, apenas uma coisa ecoava na minha mente: Como eu vou pagar esse curso?

Até que, depois de um longo silêncio, a vendedora me disse que iria acontecer um curso de *coaching* no Rio, na semana seguinte.

Na mesma hora, eu falei para ela que em uma semana, eu não teria tempo hábil para levantar essa verba; até que perguntei quando seria o próximo e ela me disse que aconteceria no dia 28 de maio em São Paulo, ou seja, mais ou menos dois meses depois. Em um momento, sem pensar, falei para ela que poderia me inscrever nesse de São Paulo– lembrando que eu não tinha nenhuma renda, além dos R$1.000 mil que ganhava no estágio. Naquele momento, eu liguei para a minha tia Jorcilene, que era a pessoa que mais apoiava as minhas loucuras, e falei para ela tudo que tinha acontecido. Ela ficou meia calada e perguntou para mim se o meu tio havia comentado algo comigo; falei que não, e ela me disse que na semana anterior ela havia falado com o meu tio que eu podia me tornar um *coach*, que isso combinava comigo. Naquele momento, eu tive a certeza de que Deus estava naquele negócio e não iria dar errado porque Deus estava comigo. Ali eu entendi que eu deveria colocar o pé, e depois Deus iria colocar o chão.

Desliguei o telefone, liguei para minha avó, pedi o cartão dela emprestado para comprar passagens para São Paulo. Ela, sem entender nada, perguntou para o que era, e respondi que quando chegasse em casa eu contaria, mas que precisava do cartão urgentemente. Como sempre confiou muito em mim, ela prontamente me emprestou o cartão, entrei no site, parcelei as passagens de uma forma que quando eu fosse para São Paulo já teria acabado de pagar. Liguei para o meu tio, pedi a ele dez cheques emprestados para pagar o curso e prontamente ele falou que me emprestaria, eu só teria que pagar o curso, no dia do curso... Pronto, tudo estava esquematizado para o dia de ir a São Paulo, só tinha um problema... Como eu iria pagar as passagens, alimentação, translado, hotel e os cheques que eu peguei com o meu tio, se eu não tinha renda alguma, além dos R$1.000 mil que ganhava no estágio, lembrando que só sobravam R$360 para eu passar o mês?

Mas isso ainda será contado aqui neste capítulo, então, você irá descobrir mais à frente!

CHEGA DE COMER PÃO DE COFFEE

A sua vida só vai mudar no dia que seu “chega” chegar!

Você tem exatamente aquilo que tolera!

Nos dias 8, 9 e 10 de abril de 2016 eu fui fazer um curso de Palestrante e Oradores. Dias antes eu não tinha o valor para fazer o curso que custava R$2.800 mil. Por um milagre divino, um processo que eu tinha em cima de um grande banco brasileiro saiu e ganhei um valor que deu para pagar o curso, pagar o advogado e quitar algumas dívidas que eu tinha no cartão de crédito, ou seja, só foi possível fazer o curso porque o banco me "patrocinou". No último dia, eu fui me despedir da treinadora e ela falou para mim: "Yuri, na quinta-feira eu vou ministrar uma Formação aqui, e quero você nessa turma, porque eu vi potencial em você. " Falei: "Está bom, vou ver", só para me livrar dela.

Confesso que o meu primeiro pensamento foi "Para que eu vou fazer mais uma Formação se eu já tenho uma". Naquele momento, eu estava no auge da minha arrogância e achava que não precisava de nada mesmo e fui para casa. Na quarta-feira que antecedia o curso recebi uma ligação do Diretor da Escola, chamado Zé André, me fazendo o convite para estar no outro dia no curso. A primeira resposta foi "não tenho dinheiro", pois eu havia gastado todo o dinheiro que tinha ganho do processo, no banco. Novamente, ele disse "Quero você no curso" e novamente eu disse "Não tenho dinheiro."

Ficamos nessa durante um tempo, até que eu tive uma ideia para me livrar dele que era o que eu queria naquele momento. Desliguei o telefone, pensei em uma ideia mirabolante daquelas que obviamente qualquer pessoa iria rejeitar. A proposta foi abater R$1.500 mil do valor, pagar em 10x de R$630, começando a pagar dois meses depois. Quando ele me ligou, fiz a proposta e para a minha surpresa ele aceitou. O primeiro pensamento foi "Não era para você aceitar isso, agora ferrou".

Fiquei mudo no telefone por alguns segundos até que ele falou:

"Yuri, você vem amanhã? " Fiquei com medo, tentando contestar até que ele me desafiou a estar lá no outro dia. Como não fujo de desafios sem pensar, aceitei. Lembro-me que as minhas últimas palavras ao telefone foram "Zé, não tenho dinheiro, não tenho cheque, não tenho cartão, a única coisa que eu tenho hoje é a minha palavra, e eu vou lhe pagar. "

No outro dia, eu estava indo para o curso, mas havia outro problema, eu não tinha nenhum dinheiro a não ser o da passagem, como eu iria comer? Confesso que, se eu tivesse pedido dinheiro para a minha família, eles teriam me dado, mas eu não queria, queria ter as minhas conquistas e agir pelas minhas próprias pernas. Durante a manhã do curso, na quinta-feira, a única coisa que vinha na minha cabeça era: Como eu vou almoçar? Quando deu 10h, eles liberaram para nós tomarmos um *coffee*. Quando cheguei lá fora, vi uma mesa grande com salada de frutas, salgadinho, pão etc... Ali, eu tive a brilhante ideia: Vou comer pão no almoço. Decidi comer pão, porque é o que enche a barriga e segura a fome por mais tempo; só que eu tinha mais um desafio: precisava sobrar pão para guardar .Lembro-me de ter ficado na quina da mesa, torcendo para sobrar pão. Quando tocou a música, e vi que tinha sobrado pão, foi o momento de alegria! Esperei todos irem para dentro da sala, peguei um guardanapo e coloquei alguns pães dentro do guardanapo, como se estivesse saindo da festa no final e levando docinhos para casa. Por volta de 13h, liberaram a gente para o almoço, os alunos foram saindo da sala, alguns me chamaram para almoçar por já nos conhecermos, afinal estávamos no curso de Palestrante. Esperei todos irem embora, fui para o banheiro, entrei no último box vazio, fechei a porta, abri o guardanapo e, naquele momento, me senti extremamente humilhado. Não posso contar uma história triste, falar que passei fome, que tive dificuldades na infância, porque eu não tive, graças a Deus eu nasci em uma família que sempre me deu tudo o que eu precisava, *me* senti humilhado por nunca ter precisado passar por essa situação– não que seja humilhante ter que comer pão de *coffee* no almoço porque eu sei que muitas pessoas só queriam ter um pão para comer. Eu, Yuri, me senti humilhado, sentado no vaso, olhando para a porta do banheiro. Naquele momento, eu vi o meu reflexo na porta de vidro e, olhando para o meu reflexo sentado no vaso e com o pão na minha mão, desceu uma lágrima pelo meu rosto e ali eu disse para mim mesmo... CHEGA, EU NÃO ACEITO MAIS COMER PÃO DE COFFEE, PORQUE EU NÃO NASCI PARA ISSO!

No dia 14/03/2016, a minha chave virou, naquele banheiro, do hotel Mercure Barra, sentado no vaso, eu decidi que eu iria ter o melhor desta Terra, naquele dia tudo começou a mudar, naqueles quatro dias eu continuei comendo pão de coffee, pois eu não tinha tempo para fazer nada, além de estar no curso. Entrávamos às 9h e saíamos às 23h. Depois de 15 dias, voltei para o Segundo Módulo e a realidade já era outra, eu não comi mais pão de coffee e, sim, fui para o restaurante com os meus colegas de curso.

Alguns anos depois, no dia 20/06/2021, eu estava voltando nesse mesmo hotel para ministrar uma palestra para centenas de pessoas com a minha vida profissional, financeira, emocional, espiritual totalmente diferente.

A minha vida só está como está hoje, porque um dia eu dei o meu "chega". Talvez, o que você precisa fazer hoje é dizer chega para algo que você esteja vivendo.

Para o que você precisa dizer chega?

Para o que você precisa dizer chega na sua vida profissional?

Para o que você precisa dizer chega na sua vida emocional?

Para o que você precisa dizer chega na sua vida financeira?

Para o que você precisa dizer chega na sua vida espiritual?

Para o que você precisa dizer chega na sua vida pessoal?

Às vezes, a única coisa que falta é você dar um grito de
CHEGA, com todo o seu coração!

Volto a repetir, você tem aquilo que tolera...

Você tem a vida financeira que tolera, você tem a vida profissional que tolera, você tem a vida espiritual que tolera, você tem a vida pessoal que tolera.

Naquele dia 14/03/2016, no hotel Mercure Barra, naquele banheiro, sentado naquele vaso e olhando para aquela porta, eu decidi não tolerar mais a vida que estava vivendo.

Eu só conseguia pensar uma coisa, por que eu aceito migalhas de um Deus tão grande? Por que eu vou aceitar escassez, se o meu Deus me prometeu uma vida de abundância?

"O ladrão não vem senão a roubar, a matar, e a destruir; eu vim para que tenham vida, e a tenham com abundância. " João 10:10

O que você está perdendo por tolerar o que tem recebido da vida? Quem está perdendo por você tolerar o que tem recebido?

Recentemente, uma aluna me mandou uma mensagem dizendo que não aguentava mais a vida que estava levando, que queria e precisava de uma mudança. Na verdade, essa é uma das mensagens que eu mais recebo nas minhas redes sociais, mas a pergunta que fica é: Será que essa pessoa realmente não aguenta mais? Será que essa pessoa realmente quer uma mudança? Será que essa pessoa realmente quer ajuda? Eu aprendi uma coisa nessa minha jornada, nem todo mundo que fala que quer ajuda, quer ajuda, nem todo mundo que fala que quer mudança realmente quer uma mudança, palavras, o vento leva, o que permanece são as atitudes diárias.

Você realmente não aguenta mais levar a vida que tem levado?
Você realmente precisa de uma mudança de resultado?
Você realmente quer aumentar o seu faturamento?
Se a resposta é sim, chegou a hora de você gritar, CHEGA AGORA!

CRIE SUAS NECESSIDADES

É muito comum ouvir de algumas pessoas: Yuri, eu não tenho necessidade, como eu faço?

Você pode fazer o que eu chamo de criar suas necessidades. Criar suas necessidades seria você, de forma totalmente intencional, criar uma necessidade.

Quando eu assumi um compromisso com o meu tio, em 2015, pegando os dez cheques com ele para pagar o curso, eu criei uma necessidade; o mesmo aconteceu em 2016, naquele ano eu fiz a minha segunda Formação em *Coaching* e novamente eu me meti em prestações, assumi dez parcelas de R$ 680 e novamente não sabia como faria para pagar, eu ainda não tinha começado a ganhar dinheiro, por mais que já tivesse feito a formação em *Coaching*.

Eu tive uma cliente do sul do Brasil que fez algo assustador, criando uma necessidade. Essa cliente trabalha em uma Multinacional Americana e precisava bater uma meta mega audaciosa para conquistar um Carro Rosa que a empresa dela dava de premiação. Um belo dia, voltando da academia pela manhã, ela pediu para falar comigo ao telefone. Liguei para ela e perguntei como estava a meta e ela me disse: Yuri, eu vou conquistar esse carro, não pode dar errado e não tem como dar errado. Ela completou, me dizendo: Eu já comprei o carro, já comuniquei para toda a minha família, já contratei e paguei o fotógrafo e o vídeo, já falei para toda a minha equipe, ou seja, esse carro tem que vir. E ela ainda completou falando: E eu quero você aqui na conquista do carro... (lembrando que o carro ainda não havia sido conquistado). Na mesma hora, falei para ela ao telefone: Éehh... realmente não pode e não tem como dar errado. Dias depois, eu ainda coloquei uma pimenta a mais na necessidade. Quando desliguei o telefone, surpreendido pela atitude corajosa dela, fui olhar a minha agenda e havia um Liderança em Foco, que é uma imersão em Liderança que eu ministro. Liguei para ela e disse: Para ir à entrega do carro, eu vou ter que remarcar um treinamento que tenho no mesmo dia, por isso tenho algumas exigências a fazer antes de confirmar que vou. Primeiro, você vai ter que me apresentar o sul. Eu não iria me deslocar e perder a oportunidade de conhecer o Sul, não é? Segundo, eu já vou comprar a passagem com antecedência, porque está mais barata, mas se caso você não conquistar esse carro, você vai pagar a minha passagem e a passagem da Andressa, fechado? E ela novamente concordou.

Nessa história, você percebe que ela criou várias necessidades diferentes, as necessidades criadas foram: compra do carro, o comunicado para toda a família, a contratação dos serviços do fotógrafo e vídeo, ter falado para toda a equipe a conquista e por último ter que pagar a minha passagem que custou mais de R$1mil, se não conquistasse o carro rosa.

Quando você cria suas necessidades, você cria uma forma intencional de não olhar para trás; é como se tivesse um leão correndo atrás de você, se você parar, você morre.

Quando eu traço uma meta com meus liderados, além de traçar uma meta que seja neurologicamente correta, ou seja, uma meta que vai acionar o seu sistema emocional e racional, muitas pessoas conhecem pelo nome de Meta SMART, eu também coloco três mecanismos que criam uma necessidade de atingir a meta: o primeiro mecanismo é pedir para a pessoa colocar uma alavanca de dor. Alavanca de dor seria a pessoa eleger algo doloroso que ela vai fazer, se não atingir a meta, algo doloroso mesmo, que vai doer lá no fundo do seu peito, sempre peço para a pessoa escolher algo realmente doloroso, algo que vai doer muito e explico que, quanto mais doloroso, maior é a motivação, porque todas as vezes que você pensar em parar, você vai se lembrar da dor se não bater a meta, todas as vezes que você não quiser fazer algo, você vai se lembrar da dor. O segundo mecanismo seria uma alavanca de prazer que seria a pessoa eleger algo prazeroso que ela irá fazer, caso atinja a meta, precisa ser algo que seja muito motivador para a pessoa, talvez fazer algo que há muito tempo ela quer e sonha em fazer; o terceiro é eleger um guardião, ou seja, selecionar uma ou mais pessoas que irão guardar a sua meta, escolher uma pessoa que, por exemplo, você não quer e não pode decepcionar, de forma alguma.

Essas são as três necessidades que peço para o meu cliente eleger: alavanca de dor, alavanca de prazer e guardião. Ficaria mais ou menos assim.

Exemplo:

Meta – Fechar 50 contratos de seguro de carro até o dia 31/11/2017

Alavanca de Dor – 1 ano sem comer carne vermelha

Alavanca de Prazer – Comprar uma cota de Jet Sky

Guardião – Yuri e Esposa

Dei esse exemplo, porque foi um exemplo de um cliente meu. Ele colocou como dor ficar um ano sem comer carne vermelha, ele era uma daquelas pessoas carnívoras, que não aguentava ficar sem carne; ele me disse "só de pensar em ficar sem carne, me dá calafrios". De dias em dias eu mandava uma mensagem para ele falando exatamente assim: Deve ser uma merda ficar um ano sem comer uma carninha, não é? Sem comer uma picanha, um bifinho... meu Deus, se você não bater essa meta, vai ser horrível! Conclusão, ele bateu a meta e me confessou: Yuri, várias das vezes que você falou comigo eu estava preparado para não fazer nada, mas você me lembrava do um ano sem carne se não batesse minha meta; na hora, eu colocava na balança da minha mente o que doeria menos, levantar e fazer o que não queria naquele momento ou ficar um ano sem carne... ficar um ano sem carne me doía muito, então, eu escolhia o que doía menos naquele momento, que era fazer o que precisava para fechar os 50 contratos, mesmo que não quisesse fazer.

Tenho outra história de criar a necessidade muito interessante. Tive um cliente que traçou uma meta mega audaciosa e desafiadora. Quando pedi para ele escolher uma alavanca de dor ele me disse: Yuri, há muito tempo a minha filhinha me pede para ir para a Disney que é o sonho dela, a minha Alavanca de Prazer vai ser ir para a Disney com a minha família, nas minhas férias e a minha Alavanca de Dor vai ser não ir para a Disney. Chegando em casa, eu vou entrar no site, comprar as passagens da família inteira na classe executiva para gastar mais e não irei pedir reembolso. Se não bater a meta, ou seja, vou perder esse dinheiro e vou comunicar à minha filha que nós iremos para a Disney nas minhas férias e, se não bater a meta, eu não vou cumprir o meu compromisso com ela. Falei para ele, chegando em casa, "Faz tudo isso e me conta como foi". No mesmo dia, à noite, ele me ligou e disse: Yuri, comprei as passagens, gastei mais de R$20 mil e já falei com a minha filha, ela ficou toda feliz e já começou a me perguntar de minuto a minuto quando vamos para a Disney ver as princesas. Falei para ele: É, meu amigo, agora se vira, vai ser uma merda você olhar nos olhos da sua filha e falar para ela que vocês não vão mais para a Disney. Esse meu cliente bateu a meta dele com três meses de antecedência. Quando ele bateu a meta, eu perguntei: Como foi bater essa meta e o que te motivou a batê-la. Ele me disse: Yuri, não teve um dia que minha filha me deixou esquecer da Disney, todos os dias ela me lembrava do meu compromisso com ela; perder o dinheiro da passagem nem me doía tanto quando me lembrava que perderia, mas o que mais me doía era pensar na hipótese de olhar nos olhos da minha família e falar para ela que não iríamos mais pra Disney por incompetência minha. Só de lembrar me doía muito, teve dias que eu não queria fazer nada, mas o rosto dela chorando por não ir à Disney, vinha na minha mente.

Ao longo da minha trajetória, eu percebi que a dor motiva mais do que o prazer. Existem duas formas de uma pessoa se motivar: motivação pela dor de perder algo ou voltar para algum lugar, ou motivação pelo prazer de ter algo, de alcançar algo. Um exemplo claro disso é: você não vê as pessoas trabalhando 24 horas por dia para comprar uma casa, mas você as vê trabalhando 24 horas por dia para não perder a casa que têm, por isso, esse cliente teve tanta motivação, a dor era muito mais forte do que o prazer dele.

Você teria a coragem que esse cliente teve?

Em 2016, quando voltei da minha segunda Formação, pelo desespero de precisar pagar o curso, eu adicionei uma nova modalidade na minha cartela de serviços, porque eu ainda fazia serviços gráficos que comecei a fazer com a necessidade de pagar a minha primeira formação. Na época, eu adicionei uma modalidade de serviço de pacote de artes gráficas: a pessoa me pagava um valor por mês e tinha direito a fazer quantidades de imagens, de acordo com o plano contratado. Os serviços que eu fazia antes, só davam para pagar o outro curso e por isso tive que adicionar um novo serviço. Rapidamente, eu consegui muitos clientes, porque eu já fazia serviço para alguns deles e outras foram me indicando. Em menos de um mês, eu já conseguia ter uma renda de mais ou menos R$3 mil, na época, isso estava muito bom para mim, era solteiro, morava na casa da minha avó e não tinha nenhuma despesa alta, as únicas despesas que eu tinha era pagar os cursos e com esses R$3 mil eu já conseguiria pagar tudo tranquilamente. Passaram-se dois meses e eu percebi que estava entrando na zona de conforto, porque com aquele dinheiro todas as minhas necessidades estavam sendo supridas. Quando percebi isso, decidi ligar para todos os meus clientes, na metade do mês, e avisá-los que eu não iria mais fazer serviços gráficos, ou seja, da noite para o dia eu não tinha mais a renda de R$3 mil e não tinha mais como pagar o compromisso do curso que tinha assumido. Naquela altura, eu já tinha percebido que o inimigo do sucesso é o próprio sucesso. Sucesso traz consigo conforto, naquela época R$3 mil era o meu modelo de sucesso. A minha régua de sucesso era muito baixa, eu aceitava muito pouco, para mim, o pouco estava bom, sobreviver já estava bom. Você conhece alguém assim? Confesso que eu não tinha clareza e consciência do que eu estava fazendo, só tinha algo muito forte me dizendo para fazer aquilo. Hoje, eu entendo que foi Deus. Criei a minha necessidade para entrar novamente no desconforto e sair daquela zona que só parece confortável, mas de confortável não tem nada.

Por esse motivo que eu sempre crio as minhas necessidades. Exceto os últimos cursos, todos os outros foram criados através da necessidade que criei, de forma inconsciente.

Quando nós criamos uma necessidade é como se nosso cérebro entrasse em um mecanismo de defesa para nos afastar da morte, e isso traz alguns efeitos surreais... a mente fica mais criativa, disciplinada, focada, é como se virássemos uma chave na nossa mente e ligássemos a nossa melhor versão.

A minha última criação de necessidade foi a pandemia, na verdade criaram uma necessidade por mim. Lembro-me como se fosse hoje, quando eu estava em um curso em São Paulo, e começou o boato de que iria fechar tudo. No outro dia, eu acordei com a notícia de que estávamos em *lockdown* e que tudo iria fechar. Por um momento, bateu um desespero. Coloquei a mão na minha cabeça e soltei um breve 'ferrou', para não dizer outra coisa. Eu estava com todo um planejamento pronto, cursos agendados, treinamentos fora do estado agendados, e eu não poderia mais fazer nada, a não ser *online*. Naquele momento, tive uma nova necessidade que me fez triplicar o meu faturamento, faturar na pandemia mais do que eu tinha faturado em quatro anos.

A pandemia me fez pensar melhor, agir melhor, parar de dar várias desculpas, abandonar a preguiça e sair da zona de conforto.

Qual necessidade você pode criar para que possa se expulsar da zona de conforto e realizar seus sonhos?

Crie suas necessidades e mude sua realidade, instantaneamente.

Hoje eu tenho a certeza de que uma necessidade pode te fazer realizar qualquer sonho e objetivo que você tiver.

Minha missão hoje é transformar vidas, através da necessidade.

Falo tudo mais detalhado no meu livro: O Poder da Necessidade.

Qual necessidade é a sua necessidade?

YURI BARBOSA
TREINADOR DE CLOSERS
INSTAGRAM: YURIBARBOSAOFICIAL

ZACARIAS SAMBA

O impacto da mentoria na transformação pessoal e profissional: "casos de sucesso"

Existem pessoas que nascem com a capacidade de transformar a vida dos outros em muitos aspectos: motivam, lideram, coordenam, orientam e lutam pelos interesses comuns. Normalmente, são pessoas com diferencial e talento acima da média, disponibilidade, satisfação em trabalhar e fazer tais atos. Também existem pessoas que, infelizmente, têm talentos acima da média, mas, ainda assim, são egoístas, nunca querem ver os outros crescer e tudo fazem para os prejudicar (são os chamados reinadores[2]).

A mentoria é um processo sério e idôneo, que carece de experiências vivenciadas no campo acadêmico, espiritual, profissional, etc. Quem realmente tem um diferencial pode, sim, ajudar os outros a atingirem os seus objetivos, não tem de, necessariamente, ser um mentor, pode ser apenas uma pessoa motivadora, inspiradora, exemplo de vida, ou pode mentorear em áreas em que alcançou resultados palpáveis ou até mesmo falhou (passar experiência de fatores que o levaram a falhar para que o mentorando não falhe), mostrando estratégias[3] que evitarão o fracasso.

A busca pela realização e o desenvolvimento pessoal, profissional e espiritual têm caminhado juntos. Os desafios que se impõem numa sociedade onde o imediatismo tem sido prioridade são assustadores; as organizações perdem legados pela desvalorização do seu capital

---

[2] Pessoas que têm talentos para se mostrar e não para agregar valor à sociedade em que estão inseridas. Ou seja, pessoas que pensam somente nelas e ofuscam todos à sua volta.

[3]De forma simples, pode-se entender por estratégias os caminhos e meios utilizados por uma organização ou por um indivíduo para o alcance dos seus objetivos.

humano, as escolas seguem rumos de desonra aos professores, professores humilham estudantes, chefes sentem-se donos das organizações, pensam que os cargos são vitalícios. Todos estes fatores tiram a paz e o foco de muita gente, causam distúrbios psicossociais e, consequentemente, impedem que as pessoas saibam o que realmente querem, seguem crenças sem propósito, seguem quem não devem, por terem dito algo que coincide com o que estão vivendo, assim, surge a nossa mania de chamar todos de 'mentores'. Infelizmente, as pessoas trocaram o simples pelo complexo e perdem-se no caminho que as conduziria à felicidade, tudo por causa do imediatismo e da falta de mentores.

A busca pela mentoria deve ser compreendida como subir uma escada para chegarmos ao topo. A mentoria ajuda-nos a alcançar os objetivos previamente fixados e que sozinhos não conseguiremos alcançar. Por mais desenvolvidos que sejamos, somos limitados e precisamos de ajuda, lembremo-nos que o único ilimitado é Deus. Comumente, as nossas ações são impensadas e carregam consequências que nos atormentam, perdemos a capacidade de reflexão e tornamo-nos vítimas das próprias ações, eis a razão porque, antes de tomar uma decisão para agir, deve procurar uma orientação.

AMIZADES ERRADAS ESTRAGAM HÁBITOS ÚTEIS

Havia um bairro onde viviam muitos jovens e crianças, brincavam constantemente, todos os dias, uma diversidade de brincadeiras típicas (garrafinha, tocada, dama, futebol e outras brincadeiras infantis)[4]. A rotina era: pela manhã iam à escola (os que estudavam de manhã), e os que estudavam à tarde seguiam para a escola para brincarem com os outros; alguns saíam das salas para continuarem com as brincadeiras e outros permaneciam nas salas para assistir às aulas. Quando

[4] Garrafinha, tocada e outras brincadeiras mencionadas são típicas de brincadeiras praticados em Angola nos anos 80, 90 e princípios de 2000.

regressavam, os que estudavam à tarde corriam para a escola e os que estudavam de manhã seguiam para continuar com as brincadeiras.

Os pais, encarregados de educação e tutores nem se manifestavam, pela falta de visão sobre a qualificação dos seus educandos, mas, à medida que foi passando o tempo, os pais e os encarregados de educação começaram a reclamar porque os filhos começaram a envolver-se em confusão (criação de grupos, gangues, lutas com garrafas, alcoolismo e desinteresse pelos estudos). Aí começavam as passagens pelas cadeias, desistências na escola etc.

Havia um menino chamado Mbundji, órfão, nascido numa família humilde, que procurava aconselhar os amigos, tentava mostrar o caminho que deviam seguir, mas, infelizmente, não era ouvido e, pelas suas convicções cristãs (era um católico devoto), era chamado de padre, "*boelo*[5]" e outros apelidos. A agenda de Mbundji era: trabalhos domésticos em casa, sair para jogar bola, brincar e conversar seriamente. Na casa em que morava, da sua irmã com o esposo, havia regras de horários de entrada e saída, isto o ajudou a moldar os seus caminhos, mas a tendência era tentar fazer algumas coisas que os seus amigos faziam, tentava, mas era cobrado pelo seu interior, e então aplicava os mandamentos que aprendera na catequese, e o fato de ser órfão ajudava-o muito, pois sempre pensava que se algo acontecesse, não teria como pagar, não tinha quem o pudesse defender, e que poderia decepcionar os seus irmãos e cunhado. Isto era muito bom, mas fazia com que os outros o vissem como medroso. Estes, depois de crescidos, começaram a enfrentar muitas dificuldades, por não terem qualquer qualificação, hoje se debatem com a falta de emprego e é-lhes muito difícil sustentar a família. Infelizmente, foram as escolhas que fizeram.

---

[5] É uma expressão usada em Angola que significa alguém burra ou lerda.

Imaginemos que tivessem tido mentores, o que seria deles? Imaginemos que os pais tivessem tido mais atenção aos filhos enquanto crianças, o que seria deles hoje?

Os pais devem começar a mentorar os filhos desde muito cedo para evitar que tenhamos adultos desviados e com vários problemas. O menino Mbundji, que seguia estudando, teve sempre os seus mentores (a irmã mais velha, que sempre teve papel de mãe e de pai, o cunhado, que também participou como figura paterna no seu crescimento, os irmãos, padres e professores), conseguiu terminar a sua formação, pois a sua mentora (irmã mais velha) investiu seriamente, com todo o seu apoio moral, financeiro e material, desenhou uma vida para o futuro do menino Mbundji, acompanhou-o, orientou-o e aconselhou-o, hoje é um dos motivos de orgulho para a família toda, por ter seguido e aproveitado todas as oportunidades que lhe deram em virtude da experiência passada. Até hoje, a irmã é a mentora principal do menino Mbundji.

O menino Mbundji, apesar de ter tido mentores e seguir os caminhos, também cometeu erros graves (por ser menino), mas esteve sempre disponível para ouvir, reconhecer que estava errado e seguir em frente; assim alcançou os objetivos que desejava. Após a sua formação acadêmica, procurou profissionais que o orientaram na sua carreira; hoje tem logrado sucessos e orgulho. Compreenda que a mentoria é uma escada que precisa subir um degrau de cada vez. O menino Mbundji hoje tem feito o mesmo, passar as suas experiências a mais pessoas para que alcancem os seus objetivos. O menino Mbundji é hoje uma das referências da sua geração no seu país, continua a buscar mentores para agregar valores a cada área da sua vida. É seguidor de Cristo e agradece a Deus por tudo o que tem, tem honrado os seus mentores com o que tem, é uma pessoa de bem e dedica-se aos outros, lutando pela felicidade e realização deles. Pense na história do Mbundji e tenha os resultados que ele conseguiu, olhe para os seus filhos e transforme-os, siga bons exemplos e tenha resultados desejados.

"As circunstâncias da vida devem sempre te potencializar e não te fragilizar."

A TRANSFORMAÇÃO DE UM MENTOR EM "ALGUÉM COM MISSÃO"

Conheci alguém que perdeu os pais muito cedo, tinha aproximadamente cinco anos, era o caçula dos irmãos, a vida permitiu que passassem por várias dificuldades, em todos os campos possíveis, com falta de alimentação, roupa e outros. Os irmãos, a maioria adolescentes, diante das difíceis situações, decidiram parar de estudar para lutar e sustentar os mais novos, luta difícil e complicada. Na verdade, isto aconteceu porque, infelizmente, a família os abandonou, não tiveram a oportunidade de ser orientados.

A única pessoa que tinham para lhes suportar e orientar estava fora do país, em formação. Sendo a mais velha, sofria por não saber como os irmãos estavam, se comiam, se vestiam, se iam à igreja e se estudavam (a sua maior preocupação). Lutava sempre para, com o pouco dinheiro que recebia da bolsa de estudo, comprar roupas para enviar aos irmãos todos os anos e, quando vinha de férias, procurava passar a maior parte do tempo com os irmãos, orientando-os, aconselhando-os e mentoreando-os no campo do desenvolvimento pessoal, profissional e espiritual. Pela graça de Deus, todos frequentavam a igreja católica (onde todos foram batizados e os pais eram fiéis devotos). Tiveram a honra de ter padres que cuidavam, visitavam, forneciam comida, roupa e apoiavam no que podiam. Também existia, na época, o PAM (Programa Mundial de Alimentação), que distribuía comida aos órfãos e a todos os necessitados, do qual está família era uma das beneficiárias. E assim foram sobrevivendo, sempre contando com a sua mentora, a irmã que estava em formação no exterior, que ligava sempre, enviava cartas com palavras de conselho, orientação e acompanhamento acadêmico de todos, tinha o controle familiar em sua posse e criava brincadeiras para entreter a família e uni-la sempre, com coração de mãe e pai.

Um dos irmãos optou pela vida militar e seguiu para uma das províncias de Angola para viver, carregando um dos mais novos; outra irmã decidiu viver com o marido e, por sorte, levou a penúltima e o caçula para viverem com ela. Sendo o seu marido um homem de família, aceitou e cuidou dos cunhados como filhos. Assim começou uma pequena orientação familiar. No final da sua formação no exterior, a irmã mais velha voltou ao país. Nos primeiros anos, começou a preparar um dos irmãos, a fim de o enviar para o exterior (no país em que esteve) para dar sequência à formação acadêmica. Mesmo não tendo emprego ainda, o pouco das suas poupanças usou para este fim, a luta para desenvolver os irmãos sempre esteve no seu DNA, muitas barreiras, dificuldades e rejeição tomaram conta do processo, porque o irmão era menor e havia muita burocracia para conseguir o visto e viajar para fora do país, mas não desistiu, ultrapassou todos os obstáculos e conseguiu.

Começou a trabalhar e, no âmbito do seu objetivo de formar os irmãos, enviou o caçula para uma das províncias de Angola para formação, por esta ter qualidade no ensino comparativamente a que se encontrava. Dessa forma, estava concretizando os seus objetivos, apoiando os irmãos com tudo o que tinha, adiando os próprios sonhos para priorizar a formação e bem-estar deles. Assim, após o caçula ter terminado o ensino médio, enviou-o também para o exterior para terminar a formação. Conseguiu alcançar os objetivos que tinha traçado. Após a formação dos irmãos, lutou para empregar todos e ainda incentiva que cada um invista em outras competências, sobretudo as comportamentais. As que já tinham os seus maridos, ela incentivou a continuarem com os estudos, apoiando em todos os campos possíveis, e procurou fazer da sua família uma família culta, instruída, com todo o esforço. Hoje se orgulha pelos feitos e sente que não fez nada e procura mentorear sobrinhos, netos (filhos de sobrinhos) e outros membros, fazendo com que tenham uma educação, instrução e orientação de qualidade por estar acompanhando de perto.

Lições:

- Um mentor orienta, não importam as circunstâncias e os lugares;
- Acreditar no seu mentorando é um fator decisivo para o alcance dos objetivos pretendidos;
- É preciso ter vontade de ver os mentorandos realizarem os seus objetivos individuais, sejam eles acadêmicos, profissionais ou espirituais;
- As dificuldades existem, mas a coragem e a determinação rompem barreiras;
- Cuidar dos nossos, sem se importar com os retornos;
- O mundo não desaba quando estamos diante de um problema;
- O discurso deve ser comprovado por ações;
- A vida é lutar pelos seus, não importa o que temos;
- Não desista dos seus;
- União e valorização da família;
- Esforço individual e benefícios coletivos;
- Quando a família é instruída é garantia de que todos vivam de forma sólida e unida.

Características identificadas na mentora desta família:

- Humildade;
- Generosidade;
- Atitude e coragem;
- Motivação;
- Empatia;
- Dedicação;
- Responsabilidade;

- Gestão de emoções;
- Confiança;
- Passagem de testemunho a novas gerações;
- Assunção do papel de liderança familiar;
- Respeito e valor;
- Maturidade e disciplina;
- Capacidade de tomada de decisões e aceitação de riscos;
- Comunicação e convicção.

Conforme vimos acima, nesta história, é o que nós colhemos de características de um mentor, pois os mentores têm várias características. Desejamos que todos sejam mentores, aplicando estas características e as famílias tenham percepção de começar com um processo de mentoria aos mais novos para que crescendo possam ser homens e mulheres fortes e de sucesso. A falta de mentoria nos reféns da vida nos faz vivermos com muitas dificuldades. Se os mentores tiverem essas características é um caminho de sucesso. A mentoria tem impacto na transformação pessoal e profissional, por isso é importante que se busque o quanto antes.

Referência:

SAMBA, Zacarias. O meu mentor: ande com experientes e seja um experiente. Luanda: 2020,

Perfil

Zacarias Samba, PhD

Mentor e pesquisador nas áreas de ciências Empresariais. Conferencista Transformacional e autor de livros nas áreas de administração, gestão estratégica de pessoas e desenvolvimento pessoal.

E-MAIL: ZACASANTOS@OUTLOOK.COM

FACEBOOK: @ZACARIASSAMBAZS

PÓSFÁCIO

Prezado leitor,

Este livro é muito mais do que um simples guia para treinadores, é um convite para explorar caminhos e possibilidades que você talvez não tenha considerado antes. Ao mergulhar na leitura, você irá descobrir ferramentas e estratégias que irão ajudá-lo a se destacar em todas as áreas da sua vida.

Com este livro em mãos, você terá uma ferramenta poderosa para transformar ideias em realidade, algo fundamental para o sucesso profissional. Ele é uma peça essencial para todos aqueles que desejam se destacar em suas áreas e alcançar o sucesso.

Gostaria de enfatizar a importância de questionar e refletir em sua jornada, pois somente assim você será capaz de tomar decisões conscientes e alinhadas com seus valores e objetivos. O poder de escolha está em suas mãos, e somente você pode decidir qual caminho seguir.

Espero que este livro, "treinador extraordinário", seja uma ferramenta valiosa para ajudá-lo a tomar decisões conscientes e alcançar o sucesso profissional que tanto almeja. Aproveite ao máximo as informações contidas neste livro e permita que elas o ajudem a se tornar um treinador extraordinário, capaz de transformar vidas e fazer a diferença em sua área de atuação.

Estarei torcendo pelo seu sucesso em sua jornada.

Norberto Anjo
Fundador da Editora Anjo